아이들과 마음으로 만나는

교실 속
감정 수업

아이들과 마음으로 만나는

교실 속
감정 수업

신건철 · 박소연 지음

지식프레임

들어가며

선생님, 오늘 기분은 어떠신가요?

학창 시절을 보낸 경험이 있기에 다른 직군에 비해 가장 잘 알고 있다고 생각한 직업이 교사였습니다. 그런데 학생으로서 바라보았던 교사의 모습과 막상 선생님이 되어 마주한 현실은 매우 달랐습니다. 교사인 나와는 너무 다른, 개성도 제각각인 스무 명이 넘는 학생들과 아침부터 오후까지 혼자 씨름하며 긴 시간을 보내는 일은 생각보다 매우 고되고 힘든 일입니다.

사회적으로는 나이가 어리다는 이유로 초등학생을 지도하기 쉬운 대상이라고 생각하는 경향이 많습니다. 그런데 정말 그럴까요? 아이들은 감정에 솔직한 편입니다. 그래서 교실에서 여과 없이 감정을 드러내는 일이 많아 선생님들은 자주 상처받고, 또 그 상처를 어디에 말하기도 힘듭니다. 회의를 하거나 어쩌다 시간이 생겨 동학년 선생님들끼리 모이면 각자 자기 반의 힘든 일을 함께 나누곤 합니다. 갑자기 소리를 지르고 누워버리는 아이, 수업 시간마다 재미없다고 말하는 아이, 자기 기분대로 불쑥 화를 내는 아이……. 아무리 교육

경력이 오래된 베테랑 선생님이라고 해도 매일 요동치는 감정을 경험합니다.

교사라면 한 번쯤 손끝이 바르르 떨리고, 마음이 불편하고, 초조했던 경험이 있을 겁니다. 그리고 그 감정을 때로는 동료 선생님들과 함께 이야기 나누며 조금이라도 풀어내곤 합니다. 하지만 그렇게 이야기를 나누었다고 해서 마음이 완전히 개운해지는 것은 아닙니다. 내일이 되면 그 감정의 원인이 되었던 학생들을 또다시 만나야 하니까요. 이런 교사의 감정을 학생들은 당연히 잘 모를 테고요. 이렇게 선생님들의 감정은 아파갑니다. 자신도 인식하지 못하는 사이에 말입니다.

"불쌍해서 죽일 수도 있지만, 불쌍해서 안아줄 수도 있다. 사는 건 영화랑은 다른 거야. 그러니까 그냥 그런 너를 안아줘."

– 드라마 〈뷰티 인사이드〉 중에서

우리는 우리의 아픈 감정을 매일 죽이며 살아가는지도 모릅니다. 교직이 그렇다고, 사는 게 그렇다고 체념하며 우리 자신의 감정을 제대로 돌보지 못한 채로요.

완벽한 교사도 완벽한 학급 운영도 없다는 것을 머리로는 알지만 우리는 늘 이상적인 교사상과 평화로운 교실을 꿈꿉니다. 다른 반은 다 잘 굴러가는 것 같은데 유독 내 반만 힘든 것 같습니다. 그럴 때는 나 자신을 엄격한 잣대로 평가하기보다 그저 불쌍해하며 안아주면 어떨까요? 그냥 그런 나를요. 우리 나름의 최상의 노력을 오늘도 묵묵히 해낸 것만으로도 애썼다고요.

예기치 못한 경험들로 인해 교직에 임하는 두려움이 해를 거듭할수록 켜켜이 쌓여갑니다. 그래서 감정이 건강한 교사가 되기 참 어려운 것 같습니다. 밀

려드는 업무는 많고, 교육과정은 또 왜 이리 빡빡한지 학생들과 진도 나가기에
도 바쁜 하루하루입니다. 그럼에도 불구하고 이렇게 감정 수업 책을 펴고 학생
들의 감정을 살피기로 결심했다는 것 자체가 용기 있고 건강한 교사라는 증거
일 것입니다. 우리의 감정이 앞으로도 아프지 않기는 어렵겠지만, 감정 수업이
선생님들께 덜 아플 수 있는 작은 시도가 되면 좋겠습니다.

Contents

Part 2
감정 수업 활동하기

3장. 감정 표현하기

4장. 감정 조절하기

Part 3
감정 수업으로 변화되는 교실

Part 1
—
감정 수업을
시작하기 전에

분노를 조절하고
평화로운 교실을 만드는
감정 표현 솔루션

01
감정에 관한 오해와 진실

"너는 감정적이야."

주위 사람으로부터 이 말을 들으면 어떤 생각이 드는가? 기분이 유쾌하지는 않을 것이다. 이처럼 '감정적'이라는 말을 우리는 부정적인 의미로 받아들이는 경향이 있다.

어린 시절, 감정을 드러냈을 때 주위에서 들었던 말들을 떠올려보자. 슬퍼서 울음이 터졌을 때는 울보, 두려움에 떨고 있었을 때는 겁쟁이, 부끄러움을 내비쳤을 때는 숫기 없는 아이, 화를 냈을 때는 악바리라는 등의 말을 들어본 경험이 있을 것이다. 우리는 은연중에 감정을 표출하는 것은 잘못된 행동이고 이성적으로 행동해야 한다는 일종의 관습에 단련되어 왔다. 그런데 우리가 흔히 생각하는 것처럼 '감정적'이라는 말은 정말 부정적이고 잘못된 것일까?

감정에 대한 첫 번째 오해는 '감정(적)'이라는 단어를 부정적인 시각으로 바라보는 데서 비롯된다.

우리는 다른 사람의 잘못된 행동을 보면 그 사람이 왜 그런 행동을 하게 되었는지를 파악하기보다 그 사람의 행동으로 인해 나빠진 내 감정을 먼저 들여다본다. 감정을 제대로 다스리지 못해 잘못된 행동을 하는 사람을 부정적으로 생각하게 되고, 그 생각이 결국은 '감정(적)'이라는 의미를 그릇된 것으로 인식하게 만든다.

우리는 감정을 자주 표현하는 사람을 부담스럽게 생각하고, 자기감정 역시 제대로 받아들이고 수용하기보다 무시하고 억눌러서 마치 감정에 영향을 받지 않는 사람인 것처럼 행동하려고 한다. 하지만 감정이 주는 신호를 계속 무시하면 결국 풀리지 못한 감정은 나 자신, 가족, 나아가 주변 사람들에게 화를 내거나 폭언을 하는 등 잘못된 방법으로 표출되고 만다. 평소에 감정 표현이 없던 사람이 한 번 화를 내면 더 크게 화를 내는 것이 바로 이 같은 이유에서다.

실제 교실에서도 평소 화를 자주 내는 학생보다 화를 잘 참다가 갑자기 폭발하는 학생이 더 큰 문제를 일으키는 경우가 많다. 교실에서 평소에 자기감정을 솔직하게 표현하는 학생은 화도 많지만 그만큼 정도 많고 눈물도 많다. 그래서 이런 학생은 그 감정을 인정하고 공감해 주면 문제행동이 많이 줄어들고 이내 교사의 편이 된다.

나는 감정을 제대로 조절하지 못해 교사를 힘들게 하는 학생들을 담임으로서 자주 만났다. 처음 2~3개월은 그 학생의 감정 폭발과 공격적인 행동에 몸과 마음이 아파서 집에만 오면 쓰러지기 일쑤였다. 그래도 몇 개월을 노력하다 보면 그 학생은 이내 나와 감정을 교류하게 되어 가장 좋은 제자가 되곤 했다.

내가 가장 힘들었던 것은 오히려 감정을 전혀 드러내지 않는 학생이었다. 그 학생이 어떤 생각을 하는지, 지금 어떤 감정 상태인지 전혀 모르다 보니 교사가 제대로 반응해 줄 수 없었던 것이다. 특별한 문제가 없으니 괜찮을 것이라고 생각했던 게 잘못이었다. 내가 담임을 하면서 경험한 첫 학교폭력은 이처럼 평소에 감정을 잘 드러내지 않았던 A라는 학생으로 인해 생겼기 때문이었다.

6학년 수학여행을 가기 전, 숙소를 어떻게 결정할지 논의하는 과정에서 학생들끼리 다툼이 있었다. B가 A와 같은 방을 사용하고 싶지 않아 A에게 너는 다른 방을 쓰라고 했던 것이 싸움의 시초였다. 당연히 담임 교사가 방 배정을 할 예정이었는데, 자신들끼리 미리 방 배정을 이야기하는 과정에서 학생들의 행동에 A는 상처를 받았다. 이 과정에서 안타까웠던 것은 A가 그 사실과 자기감정을 철저히 숨기고 그 순간에는 아무 일도 없었던 것처럼 행동했다는 점이다. 메르스로 인해 어수선했던 상황에서 학생들의 체온을 측정하기 위해 잠시 자리를 비운 사이, A는 B에게 무차별적인 폭력을 가했다. 옆에 있던 친구들이 감히 말리기 힘들었을 정도로 격해진 감정을 폭력으로 표현했다. 결국 A는 학교폭력으로 징계를 받았고, 본인을 포함해 B와 나에게도 씻을 수 없는 상처를 남겼다.

만약 A가 담임 교사에게 본인의 상처받은 감정을 조금이라도 표현했거나 자기들끼리 있었던 문제를 조금이라도 말했다면 일어나지 않았을 문제였다. 담임 교사가 나서서 충분히 해결할 정도로 크지 않은 갈등이었기 때문이다.

이렇듯 감정은 너무 자주 표현하는 것도 문제지만, 반대로 너무 표현하지 않는 것도 문제가 된다. 자기감정에 영향을 적게 받는다는 사람들도 결국은 감정의 주머니(사람들마다 감정으로 인해 생긴 문제를 쌓아놓는 주머니)에 정해진 용량이 있다. 사람마다 감정의 주머니 크기가 다를 뿐, 감정이 쌓이고 쌓이다 보면 결국 폭발하게 되는 것이다. 그래서 감정은 억누르고 무시할 것이 아니라, 그 감정을 제대로 인식하고 수용한 뒤 건강하게 표현하는 것이 중요하다.

감정에 대한 두 번째 오해는 감정을 표현하면 타인이 나를 약한 존재로 생각한다고 믿는 것이다.

C는 평소 감정 표현이 거의 없고 그림 그리기를 좋아하는 학생이었다. C에게는 가장 친한 D라는 친구가 있었는데, 둘 다 그림과 만화를 좋아해 공감대가 잘 형성되는 사이였다. D는 평소 C와의 관계에서 말다툼이 있으면 감정을 곧잘 표현하고, 나에게 와서도 자기들끼리 있었던 문제를 말하곤 했다. 그런데 C는 이상하게도 자기감정을 거의 표현하지 않고, D나 다른 친구와 문제가 있어도 나에게 말하는 법이 별로 없었다. 평소 이런 C의 성격을 알기에 자주 C의 감정을 물어보고 문제가 있는지 확인하려고 노력했지만 좀처럼 마음을 열지 못했다.

어느 날 C와 D가 말다툼하는 것을 보고 두 친구와 상담을 했다. D는 감정을 적절히 표현하면서 문제를 설명했지만 C는 특별한 반응이 없었다. D를 먼저 보내고 C와 일대일 상담을 하면서 C에게 "C야, 현재 어떤 느낌이 드니?" 했더니, 말없이 눈물만 흘리고 있었다. "지금 C는 슬프구나."라고 말했더니 그제야 D와 있었던 일에 대한 자기감정을 폭풍같이 쏟아냈다. 평소에 왜 이렇게 선생님에게 말해 주지 않았는지 물었더니, "그러면 선생님과 친구들이 나를 약한 사람이라고 생각할 것 같아서요."라고 말했다. "C야, 선생님과 친구들은 네가 문제가 생겨 슬퍼해도 너를 놀리거나 얕잡아 보지 않아."라고 말했더니 C는 저학년 때 울보였던 자신을 친구들이 너무 놀려서 이제는 감정을 표현하지 않으려 한다고 했다. 그래서 C에게 무슨 일이 있으면 꼭 선생님에게 말하고 감정을 표현해야 한다고 이야기해 주었다. 어릴 적 받았던 상처로 인해 감정의 문을 닫았던 C는 조금씩 나아지긴 했지만, 결국 졸업할 때까지 감정의 문을 완전히 열지는 못했다.

감정을 표현하는 것은 "내가 약하다"는 뜻이라거나 약점을 노출하는 일이 아니다. 오히려 감정을 표현하지 않음으로써 다른 사람과 갈등을 빚는 것이 더 나의 약점이 된다는 것을 알아야 한다.

우리는 감정을 부정적으로 바라보는 시각이나 감정을 드러내는 것이 약점이라는 오해를 바꿔야 한다. 감정이라는 단어를 부정적으로 바라보면 자기감정을 제대로 들여다보지 않게 된다. 그 결과 쌓인 감정을 잘못된 방식으로 표현하게 되어 자신을 비하하거나 공격한다. 해결되지 못한 감정은 결국 그 화살이 가까운 가족, 친구 그리고 자기 자신에게 돌아온다. 또한 자기감정을 드러내는 것을 약점이라고 생각하면 타인과의 관계에서 '감정'이라는 '무기'를 내려놓는 것과 같다. 다른 사람의 감정에 공감하고 나의 감정을 원만하게 표현한다면 타인과의 관계 역시 더욱 좋아지기 때문이다.

감정은 이성과 함께 인간이 가지고 있는 중요한 무기 중 하나이다. 감정은 이성적 판단과 함께할 때 올바른 결정을 내려 행동할 수 있게 하고, 이성은 감정과 함께할 때 다른 사람과의 관계를 발전시키고 나 자신을 건강하게 만들 수 있다.

02

감정은 행동의 에너지다

:)

하루를 마무리하면서 그날의 기분을 생각해 본 적 있는가? 오늘 하루 동안 내가 느꼈던 감정을 돌아보면 매우 흥미로운 점을 찾을 수 있다.

출근으로 바쁜 아침, 사람들이 빼곡한 거리를 보며 어떤 감정이 들었는가? 그래서 어떻게 행동했는가? 오늘따라 수업이 유난히 잘 진행될 때 어떤 감정이 들었는가? 그래서 어떻게 행동했는가? 수업을 마치고 컴퓨터에 쌓인 수많은 양의 메시지를 보았을 때 어떤 감정이 들었는가? 그래서 어떻게 행동했는가?

오늘 내가 느꼈던 감정을 되짚어보면 내가 느낀 감정이 무엇인지에 따라 나의 행동이 반응했다는 것을 알 수 있다.

사람들이 빼곡한 거리를 보면 초조함에 어떻게든 더 빨리 지나가려고 하고, 수업이 잘 되는 것을 느끼면 자연스레 몸 동작이 커진다. 수업을 마치고 모니

터에 떠 있는 많은 메시지를 보면 몸에 힘이 빠지고 잠시 아무것도 하고 싶지 않아진다. 이렇듯 행동은 감정에 영향을 받는다.

그렇다면 행동은 구체적으로 어떤 과정을 거쳐 감정의 영향을 받는 것일까? 알프레드 아들러는 사람이 하는 행동의 원인을 '사적 논리'를 통해 설명했다. 사적 논리란 경험을 통해 얻게 된 자기만의 논리나 믿음으로 무의식적인 행동을 하게 만드는 것이다. 즉, 우리는 자기도 모르는 사이에 갖고 있던 신념을 바탕으로 행동한다.

A는 키도 크고 활발하여 평소 여자아이들 사이에서 영향력이 강한 학생이었다. 교사에게도 살갑게 대했기 때문에 크게 문제가 될 학생은 아니었다. 그런데 2학기가 되면서 여학생들 사이에서 무언가 이상한 기류가 흐르기 시작했다.

잘 어울려 지낼 것 같았던 A가 속해 있던 무리가 갑자기 나눠지면서 A와 가장 친했던 B가 따돌림당하며 혼자 놀기 시작했다. 문제가 생겼음을 느끼고 B와 상담을 했다. B는 A로부터 요즘 자기보다 C와 더 친하게 지내는 것이 마음에 들지 않으니 더 이상 C와 친하게 지내지 말라는 이야기를 들었다고 했다. 그래서 B가 A에게 왜 그러냐고 말했더니 A는 화를 내며 B에게 이제 나랑은 놀 생각 말라고 했다는 것이다. 상황을 이해하고 겨우 다시 친하게 지낼 수 있도록 도와주었더니 이번에는 C가 A로부터 따돌림을 당했다. 이유는 A 자신과 가장 친하게 놀지 않는다는, B와 같은 이유였다. 이번에는 문제가 쉽게 해결될 것 같지 않았다. 그래도 시간을 두며 천천히 문제를 해결하려고 노력하는 와중에 진짜 문제가 터져버렸다. A가 그 무리에서 따돌림을 당한 것이다. 표면적으로는 다른 학생들과 놀지 못하게 하던 A가 따돌림을 당하면서 문제가 사라진 것처럼 굉장히 조용했지만, 교사인 나에게는 살얼음판 같은 상황이었다. 그래서 A를 제외한 무리를 불러서 상황을 파악하고 난 뒤, A를 따로 불러 상담을 시작했다.

A에게 상황을 물어보니 자기는 친구들이 나와 더 친하게 지냈으면 좋겠어서 이야기한 것인데, 이렇게 되어서 정말 슬프다고 하며 울어버렸다. 감정을 받아주며 상황을 정리하니 A에게는 아주 강한 신념이 숨겨져 있다는 것을 알게 되었다. 2학년 때 가장 친하게 지내던 친구가 어느 날 갑자기 다른 친구와 친해지면서 본인이 혼자 남겨졌던 경험이 있었고, 다른 사람에게 친구를 빼앗기지 않기 위해 그렇게 행동했다는 것이다. A에게 생긴 신념을 바꾸기 위해 그 상황을 어떻게 해석(생각-감정-행동)했는지 물어보았다. A는 친구를 빼앗기고 혼자 남겨졌다고 여겼다(생각). 그래서 화가 났고(감정), 친한 친구를 빼앗기지 않기 위해 다른 친구와 놀지 말라고 이야기했다(행동)는 것이다.

A는 어떤 신념을 가지고 있는 것일까? A는 자기 자신을 친한 친구를 빼앗기는 무능력한 사람이라고 생각했고, 다른 사람들은 내 친한 친구를 빼앗아가는 사람이라고 생각했다. 그래서 친한 친구를 자신의 곁에 두기 위해서는 다른 친구와 교류하는 것을 막아야 한다는 신념을 갖고 있었다. 이 신념을 바탕으로 A는 친한 친구가 자신의 옆에 머물도록 잘못된 방법을 사용하고 있었던 것이다. 결국 A가 이렇게 행동하게 된 원인은 과거의 경험에서 느꼈던 자신의 무력함에 뒤따른 '분노'라는 것을 알게 되었다. 이렇듯 감정은 행동을 결정하는 데 많은 영향을 미친다. 그렇다면 어떻게 하면 잘못된 신념을 바꿀 수 있을까? 정답은 감정에 있다.

6학년이 될 때까지 자기 신념을 바꿀 기회가 없었던 A는 지속해서 본인이 옳다고 생각한 행동을 하고 있었다. 그래서 A의 상황을 파악하고 난 뒤에는 그 신념을 없애 주기 위해 친구들과 친하게 지내기 위해 어떻게 해야 하는지, 그리고 그 친구는 어떤 욕구를 갖고 있을지, 내가 어떤 친구가 될 수 있을지 함께 이야기해 보았다. 친구와 친하게 지냈을 때 가졌던 감정을 돌아보며, 그 감정을 느끼기 위해 어떻게 행동해야 할지 질문하며 문제를 해결하기 위해 노력했다.

"그 친구가 다른 친구와 논 다음에 너와는 안 놀아줬니?"

"아니요. 조금 후에 저와 같이 놀아줬어요."

"그랬구나. 같이 놀아줬구나? 그때 너의 감정은 어땠니?"

"즐겁고, 행복했어요."

"그랬구나. 만약 지금 다시 그 상황이 된다면 어떻게 행동할 것 같니?"

"다른 친구도 같이 놀자고 해볼 것 같아요."

"그래. 친한 친구와 같이 노는 것도 좋지만, 모두 함께 노는 것도 재미있단다."

A의 문제는 쉽게 해결되지 않았지만 지속적인 상담을 통해 A가 가진 신념을 바꾸기 위해 노력했고 그로 인해 친구 관계는 어느 정도 회복될 수 있었다.

A의 잘못된 행동은 과거 사건으로 인해 생긴 감정(화)이 원인이었다. A의 행동처럼 우리의 평소 행동을 살펴보면 많은 부분이 감정과 밀접하게 관련이 있다는 것을 알 수 있다.

교사의 행동 역시 감정에 많은 영향을 받는다.

"선생님, 몇 쪽이에요?"

"선생님, 못 들었어요."

수업 시간에 자주 듣는 말이지만, 들을 때마다 나에게는 감정을 조절하기 어려운 말이다. 분명히 아까 다 설명했는데, 왜 못 들었을까? 한 번은 실수할 수 있다는 생각에 다시 설명하지만 이내 다시 못 들었다고 말하는 학생을 보면 무시당했다는 생각에 화가 난다. 그러면 학생에게 "내가 두 번이나 알려 줬잖니. 내가 말할 때 뭘 듣고 있었던 거야?" 하고 안 좋은 감정을 섞어서 말한다. 그런데 이런 일이 자꾸 반복되면 '화'라는 감정보다 그 학생의 행동을 바꿀 수 없음에 '절망'을 느껴 "도대체 몇 번을 설명해야 하는 거니? 이제 정말 지쳤어."라고 포기하기도 한다.

이렇듯 똑같은 상황이지만 어떻게 해석하느냐에 따라 감정이 달라지고 행동 역시 달라진다. 그래서 평소 "지금 내 감정이 무엇이지?" 하고 지속해서 물어보며 되돌아보는 시간을 가져야 변화무쌍한 감정을 정확하게 파악하고 건강하게 표현할 수 있다. 지금 당신의 감정은 어떠한가?

03
감정은 경험이다

　교실에는 다른 친구의 감정에 공감을 잘하여 갈등을 원만히 해결하는 학생이 있는 반면, 공감을 잘 못해서 감정으로 인해 갈등을 만드는 학생도 있다. 교사들이 생활지도를 힘들어하는 학생은 공감 능력이 부족하여 다른 친구와의 관계에서 갈등을 만드는 경우가 많다. 그래서 수업 시간에 다른 친구의 말과 행동, 감정에 공감하는 방법을 배울 수 있도록 열심히 가르치고 있지만 큰 변화를 기대하기 어려운 경우가 대부분이다. 반대로 감정 공감 능력이 과도하게 좋은 학생 역시 학급 운영에 어려움을 주기도 한다. 다른 친구의 부정적인 감정(타인을 향한 화나 자기 스스로 표현하는 화)에 민감하게 반응하여 교사가 예측하기 어려운 문제를 일으키는 일도 있기 때문이다. 너무 부족해도 문제이고, 반대로 너무 과해도 탈인 것이 바로 '공감 능력'이다.

　공감 능력은 감성적 지능지수(EQ)와 관련이 있다. EQ는 미국의 심리학자

대니얼 골먼의 저서 《EQ 감성지능(emotional intelligence)》에서 유래된 개념으로 감정 조절과 대인 관계에 영향을 미치는 지수를 의미한다. EQ는 자신의 감정을 조절하고 타인의 감정에 공감한다는 점에서 공감 능력과 흡사한 개념이다.

공감 능력이 좋은 학생은 자기감정에 충실하면서도 다른 사람의 감정에 대한 공감 능력이 뛰어나 인간관계에서 생기는 문제를 슬기롭게 해결하는 경우가 많다. 교실이나 주위에서 유난히 공감 능력이 뛰어난 사람을 보면 매우 능숙하게 타인의 감정을 알아차리고 그 감정에 공감하며, 자기감정을 원만하게 표현한다는 것을 알 수 있다. 이런 사람들의 특징은 타인의 미묘한 행동, 어조, 표정 등에서 감정을 알아차리고, 자기감정을 갈무리해서 다시 전달하는 능력이 뛰어나다.

사람에게는 타인의 행동을 모방하는 거울 뉴런이라는 뇌세포가 있는데, 거울 뉴런은 자기감정이나 욕구에 대응하거나 다른 사람의 행동에 대응할 때 활성화된다(리제 반 서스테렌 외, 《감정 회복력》, 유노북스, p40~41). EQ가 발달한 사람이 유독 공감 능력이 뛰어난 이유는 거울 뉴런이 발달하여 타인의 감정을 더 쉽게 파악하여 반응할 수 있기 때문이라고 한다.

그렇다면 공감 능력을 어떻게 길러야 할까? 타고난 지능이 쉽게 발달하기 어려운 것처럼 공감 능력 또한 짧은 시간에 쉽게 발달시킬 수 있는 능력은 아니다. 공감 능력이 부족하거나 혹은 넘치는 학생들에게 적절한 수준의 공감 능력을 갖추도록 하기 위해서는 능숙하게 공감하는 상황을 자주 경험하게 하는 것이 좋다.

공감 연습

....

"그랬구나."

한 예능에서 이 문장이 소재로 활용된 적이 있다. 서로 마주 보고 서서 상대방이 어떤 말을 하건 무조건 "그랬구나."라고 대답을 해야 한다. 상대방이 나에 대해 서운한 점을 토로해도 변명의 말 한마디를 먼저 말하지 못하고 우선 "그랬구나."라고 인정해야 하는 것이다. 그 부분이 큰 웃음을 선사했었다.

상담에서는 다른 사람의 감정에 공감할 수 있다는 점에서 이 문장이 매우 중요하다. 부정적인 감정이 올라와 울분을 토로하던 학생에게 고개를 끄덕이면서 "그랬구나. 그래, 그럴 수 있어."라고 말하면 이내 감정이 진정되어 대화가 가능해지기 때문이다. 이처럼 공감을 경험하기 위한 첫걸음은 "그랬구나." 또는 "그렇구나."를 활용하여 다른 사람의 감정에 공감해 보는 경험을 축적하는 것이다.

공감 능력이 부족하여 관계에서 불편함을 겪는 학생들에게 공감과 관련된 긍정 경험을 주기 위해서는 교사가 보는 앞에서 서로가 하는 말에 고개를 끄덕이며 "그랬구나."를 반복해 보도록 한다. 상대방의 말에 공감했을 때, 상대방이 내 말에 공감했을 때 어떤 변화가 있었는지 이야기하는 것으로 조심스럽게 공감을 연습해 보면 좋다. 처음에는 기계적으로 느껴질 수도 있겠지만, 말에는 행동하게 하는 힘이 있어서 자연스럽게 공감을 경험할 수 있다. 공감 능력은 짧은 시간에 쉽게 발달시키기 힘든 능력이지만 연습과 반복을 통해 조금씩 나아질 수 있다.

감정 낙인

....

감정 낙인은 감정이 경험과 밀접한 관련이 있어 생기는 신념이다.

"오늘 또 왜 그래! 또 화났어?!!"

감정이 불편할 때마다 폭발적인 행동을 하는 학생이 화를 낼 때 내가 자주 했던 말이다. 평소 화가 많았던 학생이었기에 당연히 화가 나서 소리를 지른다고 생각했는데, 그 학생이 당황해하며 "아니요. 저 친구랑 놀다가 놀라서 소리친 건데요?"라고 무슨 일이냐는 듯이 나에게 되물었던 적이 있다. 너무 당황스럽고 미안해서 "아, 그랬구나. 미안해."라고 말하며 마무리했지만 내가 그 학생에게 너무 심한 낙인을 찍어놓은 것은 아닌지 생각해 보게 만든 사건이었다. 이처럼 감정은 과거에 경험했던 유사한 사건이 떠오르면서 생기는 경우가 많은데, 과거 그 학생이 소리를 지르며 화를 냈던 사건에 나는 분노를 느꼈었고 그 감정이 고스란히 다시 표출된 것이었다.

교실에서는 학생들이 소리를 지르거나, 뛰거나, 수업이 재미없다고 하는 등 교사 입장에서는 만나고 싶지 않은 부정적인 상황들이 자주 반복된다. 그러다 보니 비슷한 상황이 발생하면 전혀 다른 상황인데도 과거의 경험에서 각인되었던 감정이 그대로 느껴진다. 특정 상황이나 대상으로부터 만들어진 감정 낙인은 유사한 상황이 발생했을 때 대상을 객관적으로 바라볼 수 없게 만든다.

초감정(Meta-emotion)

....

감정 낙인을 없애기 위해서는 내가 느끼는 감정의 원인이 된 감정을 알아차리는 '초감정'을 키워야 한다.

내가 아는 것을 안다고 말하는 '초인지(meta cognition)'는 우리에게 익숙한 개념이다. 내가 아는 것과 모르는 것을 구분해 주는 초인지는 내가 아는 지식을 다른 사람에게 설명하는 과정을 통해 인지할 수 있다. '설명하지 못하면 모르는 것이다'라는 말처럼 다른 사람에게 설명하면서 지식이 구조화되고 부족한 부분을 깨닫게 된다.

초인지와 마찬가지로 초감정 역시 내가 느끼고 있다고 생각하는 감정에 대해 그 감정이 맞는지 객관적으로 바라보는 감정이다. 초감정은 무의식적인 반응이기 때문에 지속적인 경험과 연관성이 있다. 그래서 감정을 인지하고 조절하는 데 큰 영향을 미치는 초감정을 발전시키기 위해서는 긍정적인 감정을 느끼는 경험을 지속해서 만들어 과거의 부정적인 감정 경험을 재구조화해 주어야 한다. 이 부분에 대해서는 PART2의 〈4장. 감정 조절하기〉에서 조금 더 자세하게 배워보도록 하자.

04
감정은 좋고 나쁨이 없다

:-)

"오늘 학생이 수업 시간에 떠드는 걸 보고 너무 화가 났지만 참았어요. 학생이 잠깐 떠들 수도 있는 건데, 화가 난 제가 잘못한 걸까요?"

많은 선생님들이 이런 고민을 한다. 수업 시간에 떠드는 학생을 보고 화가 나는 감정이 잘못된 것일까? 화가 난다고 해서 그 감정을 절제하지 않고 무차별적 행동으로 표현하는 것은 잘못이지만 화나는 것 자체는 잘못이 없다. '화'라는 느낌 역시 우리의 중요한 감정이기 때문이다.

기쁨, 슬픔, 두려움, 화남, 혐오, 놀람은 인간의 6가지 기본 감정이다. 기본 감정을 중심으로 긍정적인 감정과 부정적인 감정을 구분해 보면 기쁨을 제외하고는 긍정적인 감정이 많지 않다는 것을 알 수 있다. 실제로 서울대 심리학과 민경환 교수팀의 연구에 따르면, 사람이 가지는 감정 중 3분의 2 이상이 불쾌한 감정과 관련되어 있다고 한다. 그렇다면 왜 부정적인 감정이 더 많은 것일까?

6가지 기본 감정 중에서 두려움을 먼저 생각해 보자. 두려움은 생존을 위한 감정이기도 하다. 예를 들어 횡단보도 신호등이 초록불로 바뀌면 우리는 바로 건너지 않고 왼쪽과 오른쪽을 살펴 안전한지 확인하고 건너간다. 사고 위험에 대한 두려움이 이 같은 행동을 만든다. '혐오'도 생존과 매우 밀접하게 관련되어 있다. 상한 음식 냄새를 맡았을 때 느끼는 불쾌한 감정, 잘못된 행동을 보았거나 부당한 것을 봤을 때 느끼는 혐오라는 감정은 (선한 혐오라는 전제 아래) 생존과 사회 발전에 꼭 필요한 것이다. '슬픔'은 사람을 우울하게 만드는 부정적인 감정이라고 생각하기 쉽다. 하지만 슬픔이라는 감정이 없다면 살아가면서 겪을 많은 고통과 상처를 어떻게 치유할 수 있을까? 슬픔은 내면에 카타르시스를 일으켜 많은 스트레스와 고통을 치유하고 다시 한 걸음 앞으로 발전할 수 있는 기반이 될 수 있다. '화'는 불합리함에 대한 분노와 정의롭지 못한 것을 봤을 때 느끼는 실망감을 통해 더 나은 개인과 사회를 만드는 데 중요한 역할을 한다. '놀람'은 미지의 상황에 대한 반응으로 생존을 위한 과정 속에서 매우 중요한 감정 중 하나이다.

이처럼 우리가 부정적으로 생각하고 표현하기 꺼리는 감정들이 사실은 우리의 생존에 매우 중요한 감정임을 알 수 있다. 그런데 우리는 왜 부정적인 감정을 무조건 좋지 않게 생각하고 표현하지 않으려는 것일까? 감정에는 좋고 나쁨이 없지만, 행동에는 옳고 그름이 있기 때문이다.

수업 시간에 친구가 놀려서 화가 난 A 학생이 상대 친구에게 소리 지르는 상황을 떠올려보자. 이 상황을 감정과 행동 두 가지로 구분해서 생각해 본다면 감정과 행동의 상관관계를 쉽게 알 수 있다.

친구가 놀려서 화가 난 A의 감정은 좋고 나쁨을 따질 필요 없이 존중받아야 하는 감정이다. 잘못된 행동에 화가 나는 것은 정당하기 때문이다. 그렇다고 해도 A가 수업 시간에 소리를 지르는 것은 옳고 그름의 판단 여지가 있는 잘못된 행동이다. A의 감정 자체는 존중해 줘야 하지만, 잘못된 행동은 단호하게 지도해야 한다. 그런데 우리는 A의 감정을 행동과 구분하지 않고, 부정적인 행동을 했다는 이유로 그 감정까지 부정적인 것으로 여긴다. 그 결과 부정적인 감정을 꺼리고 표현하기를 두려워한다.

부정적인 감정을 가르치면 부정적인 행동이 강화될 것이라는 우려와 걱정을 갖는 경우도 있다. 하지만 감정 수업의 목표는 부정적인 감정이라 하더라도 이를 올바르게 이해하고 받아들여 건강하게 표현할 수 있도록 가르치는 것이지 부정적인 행동을 가르치는 것이 아니다. 이를 위해서는 감정과 행동을 구분해서 보려는 노력이 필요하다. 감정에는 좋고 나쁨이 없기 때문에 다양한 감정을 배움으로써 오히려 감정을 풍부하게 이해하고 받아들여 표현할 수 있는 기반을 만들 수 있다.

05
감정도 배워야 한다

:)

최근 들어 사회와 학교에서 '분조장(분노조절장애)'이라는 단어가 자주 등장한다. 분노를 참지 못해 상대방을 공격하거나 교실에서 교사와 친구들을 공격하는 등 사회 전반적으로 자기감정을 조절하지 못해 상대방을 공격하는 행위가 점차 늘고 있다. 즉, 분노가 에너지가 되어 잘못된 행동을 하는 것이다.

이런 현상의 원인을 바라보는 시선은 다양하다. 개인의 욕구가 충족되지 못하는 상황이 지속됨으로써 상대방을 공격하는 행위가 점차 늘고 있다는 사회의 문제로 바라보는 시선도 있고, 가정에서 양육을 제대로 받지 못해 애착이형성되지 않아 생긴다는 가정의 문제로 바라보는 시선도 있다. 시선이 다양하듯 해결책 역시 다양하게 고민되고 있으나 아직 뾰족한 해결책을 찾지 못한것이 현실이다.

분노조절장애는 강한 사람 앞에서는 조절이 된다고 생각하는 경우가 많다.

물론 그런 경우도 있다. 정말로 나보다 강한 사람이 있으면 분노가 조절되지만, 자기보다 약자가 앞에 있을 때는 분노를 조절하지 못하는 모습으로 자기 자존감을 채우려는 사람도 있다. 하지만 미국정신의학회가 작성한 정신 질환 진단 및 통계 편람(DSM, Diagnostic and Statistical Manual of Mental Disorders)에 따르면 다음과 같은 진단 기준을 바탕으로 간헐적 폭발 장애를 진단한다(이 분류 기준에서는 분노조절장애를 간헐적 폭발 장애라고 명명하고 있다).

1 하위 내용을 포함한 반복되는 간헐적 감정 폭발과 충동 장애가 일어난다.
  – 재산 손괴나 신체 손상을 동반하지 않은 육체 폭력 또는 언어 폭력이 최근 3개월 동안 1주일에 2일 이상 발생
 – 재산 손괴나 신체 손상을 동반하는 감정 폭발이 1년 이내에 3번 이상 발생
2 공격성 및 감정 폭발의 정도가 계기가 되는 심리적 상황이나 스트레스의 정도에 비례하지 않는다.
3 공격성 및 감정 폭발이 계획된 것이 아니고 계획적 목적 없이 일어난다.
4 공격성 및 감정 폭발로 경제적, 법적 문제를 겪는다.
5 환자의 나이가 최소 만 6세 이상이어야 한다.
6 이런 증상이 다른 정신장애나 일반적인 의학적 상태로 인해 나타나는 것이 아니어야 한다.

위 진단 기준을 살펴보면, 간헐적 폭발 장애는 작은 자극에도 감정이 조절되지 않으며, 계획성이 없고, 다른 정신적 문제가 없는 만 6세 이상의 사람이 지속적으로 감정 폭발 증세를 나타내는 것이다. 그리고 실제 교실에서 분노를 참지 못하는 학생들의 사례를 보면 생각보다 위 진단 기준과 공통점이 있다는

것을 알 수 있다. 예를 들어 자기 실수로 물건을 떨어뜨려놓고 근처에 있는 친구에게 욕을 하며 공격적인 태도를 취하거나, 수업에 집중하라는 교사의 지시에 욕을 하거나 반항하는 태도를 취하는 경우 등이 종종 일어나는 것을 보면 간헐적 폭발 장애를 가진 학생들이 교실에 있을 수 있다는 것이다.

그런데 그 학생이 위 진단 기준에 부합한다고 해서 모두 간헐적 폭발 장애를 가진 학생이라고 판단해야 할까? 분노를 조절하지 못한다고 해서 '너는 간헐적 폭발 장애야.'라고 교사가 독단적으로 낙인을 찍는 것도 위험한 일이다.

한국의 학교는 아동 학습권 보장을 위하여 해당 학생을 교실에서 분리하거나 상담(학부모가 동의하지 않으면 상담을 진행하기 어렵다)을 할 수 있도록 돕기 어렵다는 점, 실제 간헐적 폭발 장애라고 판단이 되더라도 학부모가 수용하지 않으면 문제 해결이 어려운 점 등으로 인해 학생의 회복이 매우 어려운 현실이다. 하지만 그렇다고 그 학생이 감정적으로 문제가 있다고 치부하고 마냥 방치하고 있을 수만도 없다. 여기서 교사들은 다시금 낙담할 수 있다. 그렇다면 도대체 어쩌라는 것인가?

우리는 가정, 학교, 그리고 사회화를 거치면서 감정이라는 영역에 대해서 제대로 배워본 적이 거의 없다. 감정을 표현하는 상대에 대해 '울보', '겁쟁이'라는 말로 상대를 조롱한다. 이런 사회 분위기 속에서 나의 감정은 존중받지 못하고, 제대로 표현하는 방법조차 배우지 못해 표현을 주저하여 분노가 쌓이거나 미숙한 방식으로 표현해서 비난을 받았을지도 모른다.

그렇다면 감정을 제대로 표현하기 위해서는 어떻게 해야 할까? 교사가 학생들에게 지식을 가르치고 지식을 활용할 수 있는 방법을 알려주는 것처럼 감정도 가르쳐야 한다. 감정을 가르쳐야 그 감정이 무엇인지 알고, 내면화한 후 잘 표현하는 방법을 배울 수 있다. 물론 감정을 가르친다고 해서 실제로 간헐적 분노 장애를 가진 학생의 문제를 당장 해결하기는 어렵다. 당연히 지속적인 상담과 학부모와 교사의 관심, 학생의 의지가 있어야 문제 해결을 시작할 수 있다. 다만 교사가 할 수 있는 역할은 깊은 관심과 관찰을 통해 학생의 욕구와 감정을 먼저 파악하고, 감정을 건강하게 표현하는 방법을 가르치는 것이다. 이를 위해 교사 역시 자신의 감정을 파악하고, 그 감정을 학생에게 잘 전달하고, 건강한 표현을 바탕으로 관계를 맺는 일이 중요하다.

'이제 하다 하다 학생들한테 감정까지 가르쳐야 하나?'라는 의문이 들 수도 있다. 하지만 잘 생각해 보면, 학생들에게 감정을 가르친다는 것은 또 다른 교육이 더해지는 것이 아니다. 실제 학교는 전인적인 성장을 위해 지덕체를 조화롭게 가르쳐야 하지만, 그동안 감정 부분은 소홀하거나 당위성을 강조하는 이론으로만 다뤄지곤 했다. 단언하건대, 감정을 실제적인 활동을 통해 배우면 말로 가르치는 것보다 더 효과적으로 배울 수 있다. 학생들이 감정 수업을 통해 감정을 건강하게 표현하게 되면 가장 큰 영향을 받는 것은 교실 분위기와 교사의 수업이다. 결국 감정 수업은 교사와 학생 모두를 행복하게 만들고 감정의 주인(자신의 감정을 스스로 선택하고 받아들여 표현하는 사람)이 되게 만드는 일이다.

06
감정 수업 프로토콜

전인적 성장, 지덕체, 인지-정의-행동. 이는 교육과정 개정이 거듭되어도 지속해서 강조되는 교육의 목표이다. 사회에 온전히 적응하기 위해 가정과 학교에서 몸과 마음, 지식의 조화를 이루는 교육의 중요성이 강조되는 것이다.

교육과정에서는 지식과 더불어 내면화, 일상생활에 적용할 수 있는 사례 등의 융합을 강조한다. 이는 학습 과정과 유사하여 지식을 배우고, 그 지식을 내면화하여 나의 것으로 만들고, 활용해 보는 과정을 거친다. 그렇다면 감정은 어떻게 배워야 할까?

감정도 지식처럼 배움의 단계(프로토콜)가 있다. 먼저 감정이란 무엇인지, 감정의 공통점과 차이점을 배워야 한다. 우리는 하루에도 수많은 감정을 느끼고 있지만, 각 감정이 무엇인지 구체적으로 생각해 보지는 않는다. 단지 흘러가는 감정이라고 생각하고, 시간이 해결해 줄 거라고 여기며 넘어가곤 한다. 그래서 쌓이고 쌓인 감정이 폭발할 때가 되면 그 원인을 찾기 어려워 불편한 감정 속에서 헤매게 된다. 반면에 자기감정을 인식했다고 하더라도, 감정을 정확하게 알아차리지 못해 상황에 맞지 않는 행동을 하거나, 자기감정을 속이고 분위기에 맞춰 연기를 하기도 한다. 왜 이런 일들이 일어날까?

1단계 감정 알아차리기

우리는 감정 단어를 제대로 배워본 적이 없다. 하루에도 수많은 감정을 느끼지만 그 감정을 어떤 단어로 표현해야 할지 배운 적이 없어 평소 알던 몇몇 개의 감정 단어 안에서 내 감정을 정의하는 과오를 범하게 된다. 다른 상황, 다른 감정이었지만 자기감정을 정확하게 파악하지 못해 항상 똑같은 실수를 반복하는 것이다. 그래서 우리는 감정이란 무엇인지, 내가 아는 감정과 모르는 감정, 감정의 공통점과 차이점을 배워야 한다. 내가 아는 감정과 모르는 감정을 구분하면 아는 감정을 제대로 인식할 수 있고, 모르는 감정이 무엇인지 정의하는 과정을 거치게 됨으로써 감정을 올바로 알아차릴 수 있다.

2단계 감정 받아들이기

머리를 통해 감정을 제대로 인식하고 나면, 다음은 그 감정을 수용하는 단계이다. 지식을 내면화하듯이 감정 역시 감정을 정확하게 인식한 뒤, 그 감정을 온전히 받아들이는 수용 과정이 필요하다. 어떤 지식을 배우는 것과 그 지식이 중요하거나 나에게 필요한 지식이라는 것을 판단하는 것이 다른 것처럼, 감정 역시 나의 감정을 인식하는 것과 그 감정을 온전히 받아들이는 것은 다르다.

수업 시간에 한 학생이 교사의 지시에도 불구하고 아무것도 하지 않는 것을 봤을 때를 예로 들어보자. 교사의 지시에 불응하는 학생을 보고 어떤 감정이 드는가? 화? 좌절? 슬픔? 상황에 따라 다양한 감정이 느껴질 것이다. 실제로 한 상황에 여러 가지 감정이 복합적으로 느껴질 때가 많다. 이 상황에서 자기 감정이 '좌절감'이라는 것을 알아차리기는 했지만, 현재 감정이 좌절감이라는 것을 받아들이지 못해 불같이 화를 내기도 한다. 만약 '좌절감'을 받아들였다면 어떻게 되었을까? 그 학생으로 인해 느낀 좌절감을 어떻게든 해결하기 위해 다른 방법을 찾았을 것이다. 즉, 감정이란 알아차린다고 끝나는 것이 아니라, 그 감정을 온전히 받아들이는 과정이 필요하다. 학생의 행동으로 인해 '내 감정이 무엇이야!'라고 말하는 것을 넘어서, '그래, 내 감정은 이것이 맞아!'라고 말해야 감정을 온전히 수용한 것이라고 볼 수 있다.

3단계 감정 표현하기

감정을 인식하고 수용한 뒤에는 감정을 건강하게 표현하는 단계로 넘어가야 한다. 설명할 수 없는 지식은 안다고 착각하는 지식이라는 말처럼, 감정 역시 제대로 표현할 수 없다면 그것은 감정을 안다고 착각하는 것과 같다.

내가 평소에 가장 표현하기 힘든 감정은 슬픔이다. 기쁨, 두려움, 화는 알아차리고 받아들인 후 건강하게 표현하려고 노력하지만, 이상하게 슬픔은 표현 자체를 어려워하고 참으려는 경향이 있어 참고 참다가 울분으로 터져 나올 때가 많다. 최근에야 깨닫게 된 점은 내가 슬픔을 표현하는 방식을 제대로 배운 적이 없었다는 것이다. 어린 시절에 '겨우 그런 것 때문에 우니?'라는 말을 종종 들었고, 슬픔을 표현하는 것이 나를 약해 보이게 한다고 생각했기 때문이다. 결국 슬픔이란 감정을 표현하면 안 된다는 신념이 생겨버린 것이다.

학생들 역시 감정을 어떻게 표현하는지 제대로 배우지 못하면 그 감정을 건강하게 표현하지 못한다. 그래서 우리는 감정을 말과 행동으로 어떻게 건강하게 표현할 수 있는지 배워야 한다.

4단계 감정 조절하기

감정 수업의 마지막 단계는 조절이다. 감정 수업을 통해 감정을 제대로 알아차리고, 온전히 받아들인 후, 건강하게 표현하는 연습을 함에도 불구하고 해소되지 않은 불편한 감정은 천천히 쌓이기 때문이다.

한 학생이 급식을 엎어버리는 바람에 화를 낸 적이 있었다. 그때는 순간적으로 화를 참지 못해서 소리를 질렀지만, 퇴근 후 가만히 생각해 보니 '아, 그때 이렇게 했어야 했는데.'라는 안타까움과 후회가 밀려들었다. 그래서 다음 날 그 학생에게 사과를 했고, 다음에 비슷한 상황이 또 생긴다면 어떻게 해야 할지 고민한 적이 있었다.

또한 가족과 대화를 하다 평소라면 아무 문제 없이 장난으로 받아쳤을 말이었는데, 그날따라 내 기분이 좋지 않아 감정이 상해서 상처를 받았던 적이 있다. 나중에 돌아보니 상황은 평소와 비슷했는데 불편한 나의 감정으로 인해 가족의 말에 상처를 받았던 것이었다. 내 감정의 문제라는 것을 알게 되어 사과하고 문제를 해결했지만, 이 문제를 통해 감정 조절의 필요성을 다시 깨닫게 되었다.

사람은 감정의 동물이기 때문에 감정으로 인해 잘못된 행동을 하거나 상처를 받기도 한다. 그래서 상황에 맞는 감정 표현 방법을 익히고, 감정으로 받은 상처를 회복하기 위해서는 감정을 조절하는 연습을 해야 한다.

지금까지 우리는 감정 수업의 프로토콜에 대해서 알아봤다. 내가 아는 감정과 모르는 감정을 구분하여 감정을 머리로 알아차리는 인식, 현재 감정을 온전히 이해하고 가슴으로 받아들이는 수용, 건강하게 몸으로 나타내는 표현, 마지막으로 감정으로 생긴 문제를 조절하는 4단계의 과정을 통해 감정 수업을 시작해 보자. 감정은 배워야 잘 표현할 수 있다.

07

감정 회복 프로토콜

"잘못한 것은 알겠는데, 어떻게 해야 할지 모르겠어요."

분노를 조절하지 못하여 교실에서 소리를 지르거나 친구들에게 폭력적인 행동을 하는 학생들과 대화를 해보면 이미 그 학생들은 본인의 잘못을 잘 알고 있다. 자신이 친구들에게 화를 많이 내고 공격적이어서 친구들과 사이가 좋지 않다는 것도 어느 정도 안다. 단지 그 원인과 해결책이 무엇인지 모르는 것이 문제다.

우리는 종종 이런 학생들에게 "너 왜 그랬어?"라고 물어본다. 교사 입장에서는 화가 난 이유가 궁금해서 질문한 것이지만, 잘못을 했고 선생님에게 꾸중을 듣는 상황에서 듣는 '왜'라는 질문은 변명을 하게 만들거나 입을 닫게 만드는 원인이 될 수 있다.

지각하는 교사에게 관리자가 "선생님, 왜 지각했죠?"라고 질문했다고 가정해 보자. 이 글을 읽고 있는 여러분이라면 본인이 지각한 이유를 곧이곧대로 대답할 수 있을까?

'왜'라는 질문은 정답이 있는 질문이다. 그래서 본인이 지각한 이유를 정확하게 말해야 하는 것이다. 하지만 이렇게 물었을 때 자신의 잘못을 솔직하게 인정하고 반성하는 사람은 많지 않다. 즉, 문제 상황이 벌어졌을 때 '왜'라는 질문은 문제를 해결하는 데 도움이 되지 않는다.

우리는 '왜'보다 '어떻게'의 마법에 빠져들어야 한다. '왜'가 정답이 있는 질문이라면, '어떻게'는 정답을 찾기보다 해결책을 고민하는 질문이다. 우리는 학급 문제를 해결하기 위해서 원인을 찾는 것도 중요하지만, 궁극적으로 문제의 해결이 목표라는 것을 알고 있다. 문제의 원인은 직접 물어보기보다 해결 과정에서 유추하거나 자연스럽게 대화하는 과정에서 알아내는 것이 더 효과적이다.

친구가 자기를 빼고 놀아서 화를 내는 학생과 수업이 끝난 뒤 대화를 한다고 생각해 보자.

"아까 네가 화를 내고 소리 지르는 것을 봤어. 화가 많이 났었구나. 선생님이 그 내용을 들어봐도 되겠니?"

"친구가 저를 빼고 논다고 해서 화가 났어요."

"그랬구나. 선생님도 친구가 나랑 안 놀아주면 화가 나. 그렇지만 화가 난다고 소리를 지르면 친구가 같이 놀아줄까? 어떻게 하면 네가 화가 났다는 것을 잘 표현해서 친구랑 다시 놀 수 있을까?"

이 질문은 문제를 해결하는 방법을 같이 고민하는 데 도움을 주는 질문이다. 이처럼 이미 잘못했다는 것을 알아차린 학생과 문제 해결 방법을 같이 고민하는 것이 감정 회복 프로토콜의 핵심이다.

그렇다면 감정 회복 프로토콜은 언제 사용해야 할까? 교실에는 서로 다른 사람들이 상호작용을 하면서 살아가고 있다. 당연하게도 서로의 생각이 다르다 보니 갈등도 많고 관계에서 오는 감정 다툼도 많을 수밖에 없다. 예전에는 나도 서로 싸운 친구들을 불러 사과시키면서 문제를 일단락하기도 했고, 친구를 놀리지 않도록 혼을 내서 문제를 해결하기도 했다. 그런데 이런 방법들이 장기적으로 효과적이었을까? 물론 친구를 놀리는 학생을 불러 따끔하게 혼을 내면 당장은 문제가 해결될 수 있지만, 지속적으로 교사가 개입하게 되면 학생들이 문제를 스스로 해결할 수 있는 문제 해결력을 키울 수 없게 된다(폭력적인 행동이나 심각한 문제가 아닌 경우는 학생이 스스로 문제를 해결할 수 있도록 도와준 후 잘 해결되지 않을 때 교사가 개입하는 것이 좋다). 또한 계속해서 교사가 문제를 해결해 줘야 해서 교사의 감정적인 소모가 늘거나 궁극적인 문제가 해결되지 않고 반복되는 상황을 겪게 된다.

학교는 사회처럼 이해관계가 얽혀 있는 것도 아니고, 가족처럼 매일 보거나 떨어지기 어려운 관계가 아니다 보니, 관계나 감정으로 인한 문제 해결을 배우고 익혀나가기에 효과적인 곳이다. 관계나 감정에 상처받은 학생들과 감정 회복 프로토콜을 함께 진행하면 문제 해결력을 키울 수 있고, 나아가 감정적으로 건강한 사람이 될 수 있다.

감정으로 생긴 문제는 감정을 해소하기 전에는 해결하기가 어렵다. 부정적인 감정 때문에 생긴 오랜 신념을 바꾸는 것이 매우 어렵기 때문이다. 예를 들어 지속적으로 놀이에서 소외되는 경험을 한 학생은 친구들이 자신을 제외하고 노는 것만 봐도 부정적인 감정이 생길 수 있다. 앞서 〈2. 감정은 행동의 에너지다〉에서 알아본 것처럼 부정적인 감정이 오랫동안 지속되면 부정적인 신념을 만들어 결국 잘못된 결정을 하게 된다. 그래서 PART2의 〈4장. 감정 조절하기〉에서 가장 중요하게 다루는 부분이 경험의 재구조화이다. 특정 상황에서의 부정적인 감정을 회복하고 바꿈으로써 행동을 변화시키는 것이다.

다음은 감정 회복 프로토콜 과정 사례이다. 감정 회복 프로토콜은 학생 혼자서 진행하기 어려우므로 교사의 질문으로 이끌어주는 것이 필요하다.

> **😣 문제상황**
>
> 체육 시간에 피구를 했는데 학생 A가 속한 모둠이 지고 말았다. 학생 A는 자기 모둠의 한 학생이 피구를 못해서 졌다고 화를 내면서, 상대편이 아까 반칙을 썼으니 이 게임은 무효라고 말했다. 학생 A는 평소 영어나 체육 등 경쟁 요소가 들어간 수업에서 졌을 경우 항상 화를 내고 자기 모둠을 헐뜯거나 다른 모둠을 공격하는 학생이었다.
>
> **A** 선생님‼ ○○이가 너무 못해서 졌어요! 그리고 아까 □□가 반칙 쓰는 것을 봤어요. 이건 무효예요. 빨리 다시 해요.
> **교사** A야. 오늘은 수업 시간이 끝나서 이제 정리하고 교실로 돌아가야 해.
> **A** 안 돼요! 선생님, 쟤네들이 지금 놀리잖아요! 진짜 짜증 나서 수업 못 하겠어요.
>
> 승패에 집착하고 본인이 졌을 때 상대방의 작은 행동 하나하나에 반응하며 분노를 폭발시키는 학생 A는 결국 교실에 들어와서도 화를 참지 못하고 수업을 방해했다. 어찌어찌 교사가 잘 타일러서 감정을 가라앉히고 눈앞에 닥친 문제를 해결한 듯했지만, 다음에 이런 문제가 또 일어난다면 어떻게 해야 할지 교사는 고민했다. 그래서 다음 날 교사는 수업이 끝난 뒤, 학생 A와 감정 회복을 위해 면담을 진행했다.

1단계 감정을 인식하고 받아들이기

Who(누가) - When(언제) - Where(어디서)

누구로 인해, 언제, 어디서 문제가 생겼는지 경험을 돌아본다.

교사 A야. 오늘은 기분이 어땠니?

A 오늘은 그냥 그랬어요. 아! 아까 □□가 영어 시간에 게임을 잘 못해서 질 뻔했거든요. □□ 때문에 질까봐 진짜 짜증 났어요.

교사 그렇구나.('그렇구나', '그랬구나'는 공감하는 말 중에 가장 효과적이면서, 상대방에게 공감받고 있다는 느낌을 불러일으키는 말이다.) 기분이 그냥 그랬는데, 영어 시간에 짜증이 났구나. 지난 체육 시간에도 이와 비슷한 일이 있었던 것 같은데. 기억하고 있니?

A 언제였죠? 흠……. 잘 모르겠어요.

교사 어제 체육 시간에 있었던 일인데. 기억나니?

A 아! 맞아요. ○○가 피구할 때 못해서 우리 모둠이 졌어요. 그리고 ☆☆가 놀려서 짜증이 났고요.

교사 그렇구나. 어제 체육 시간 운동장에서 ○○와 ☆☆ 때문에 짜증이 났구나.

A 맞아요.

Why(문제 인식하기) - So(원인 찾기)

불편한 감정과 나의 행동을 돌아보고, 문제의 원인을 찾는다.

교사 그렇구나. A는 모든 게임에서 이기고 싶구나. 그래서 어제 체육 시간에 피구를 한 뒤에 화를 내고 있었구나?

A 그럼 지는 걸 좋아하는 사람도 있어요?

교사 맞아. 선생님도 지는 걸 싫어해.

A 선생님도 똑같잖아요. 그리고 맨날 다른 애 때문에 지니까 더 짜증이 나요. 왜 그리 못하는지.

교사 그렇구나. 어제 체육 시간에 져서 짜증이 났구나. 그리고(감정 회복 프로토콜에서는 가능하다면 접속사는 '그리고'를 사용해야 한다. '그러나'와 '하지만'처럼 부정적인 접속사를 사용하면 앞에 교사가 공감한 말을 부정하는 의미로 받아들여 공감의 의미가 퇴색될 수 있다.) 또 어떤 감정이 들었니?

A 맨날 다른 애 때문에 져서 짜증 나고 화도 났어요.**(Why-문제 인식하기)**

교사 그렇구나. A는 짜증 나고, 화도 났구나. 그리고 또 어떤 일로 화가 났었니?

A 어제 ☆☆가 저를 보고 웃었어요. ☆☆는 맨날 제가 질 때마다 저를 보고 웃으면서 놀린단 말이에요. 진짜 짜증 나요.

교사 그랬구나. ☆☆가 A를 보고 웃었구나? 그래서 어떤 감정이 들었니?

A 안 그래도 져서 화나는데, ☆☆가 저를 보고 웃어서 더 화가 났어요.

교사 그랬구나. 안 그래도 화가 났는데 친구가 놀려서 더 화가 났구나.

A 맞아요. 영어 시간에도 □□ 때문에 져서 진짜 화났어요. 선생님, 저희 모둠을 바꿔요. ○○, □□이랑 한 모둠이니까 맨날 지잖아요. 개네 데리고 어떻게 이겨요!

교사 그럼 A는 한 번도 진 적이 없었니?

A 아니요. 그렇지만 맨날 져서 더 화가 나요. 우리 편에 못하는 애들만 몰

려 있단 말이에요.

교사 그렇구나. A가 게임에서 졌을 때, 누가 놀리거나 너를 기분 나쁘게 한 적이 있었니?(학생의 부정적인 경험을 유추하기 위한 질문으로, 과거에 비슷한 경험이 있었는지 확인하는 질문을 한다.)

A 네. 2학년 때, 체육 시간에 게임에서 졌는데 ◇◇가 저를 놀려서 욕을 했어요.**(So-원인찾기)**

교사 그렇구나. A가 져서 기분이 나빴는데, ◇◇가 놀려서 더 기분이 나빠졌구나.

A 맞아요. 안 그래도 기분 나쁜데 ◇◇가 놀려서 더 화가 났어요. 그래서 욕을 했는데 선생님한테 혼나서 더 ◇◇가 미워졌어요. 잘못한 거는 ◇◇인데 저만 혼났단 말이에요.**(So-원인찾기)**

교사 그랬구나. ◇◇가 놀려서 기분이 나빴는데, 선생님이 A만 혼내서 화가 났었구나.

A 맞아요. 잘못은 걔가 먼저 했단 말이에요.

2단계 경험을 재구조화하기

....

What(제안하기) - Choice(선택하기)

감정을 바꾸기 위해 어떻게 할 것인지 제안하고 선택한다.

교사 A야. 선생님도 운동이나 게임에서 지면 화가 나서 소리를 지르기도 하고 화를 내기도 해. 화가 나면 표현을 하는 게 맞아. 선생님이 너에게 화를 냈을 때 기분은 어땠니?

A 무서웠어요. 그래서 아무 말도 못 했어요.

교사 : 그랬구나. 만약 너처럼 네가 화내는 모습을 봤을 때, 다른 친구들은 어떻게 생각할까?

A 무서울 것 같아요.

교사 그렇구나. 화가 난다고 계속 소리를 지르거나, 다른 사람에게 무섭게 대하면 어떻게 될까?

A 흠……. 무서울 것 같아요.

교사 그렇구나. A가 화를 내면 친구들이 무서울 수도 있어. 그럼 A가 화를 안 내려면 어떻게 해야 할까?

A 이겨야죠. 맨날 다른 애들 때문에 진단 말이에요.

교사 그렇구나. 그럼 피구처럼 다른 친구들과 같이하는 게임에서 이기려면 어떻게(감정을 바꾸기 위해 제안을 할 때는 '왜?'보다는 '어떻게?'를 사용해야 다양한 방법을 생각해 낼 수 있다.) 해야 할까?

A 몰라요.(문제 해결을 위한 상담 시 '어떻게?'를 사용하면 학생들이 자연스럽게 해결책을 생각해 낼 것이라고 생각하지만, 대부분 모른다고 대답하는 경우가 많다. 이때 교사는 예상치 못한 대답에 당황하게 된다. 상담을 효과적으로 연결하기 위해서는 학생이 생각할 수 있는 구체적인 질문을 하는 것이 좋다.)

교사 피구처럼 다른 친구들과 함께하는 활동에서 이기려면 A 혼자 잘해서 이길 수 있을까?(구체적인 질문 예시)

A 아니요. 다른 애들이 실수 안 하고 잘해야 해요.

교사 그렇구나. 친구들과 같이하는 활동은 혼자만 잘해서는 이길 수 없어. 어떻게 하면 다른 친구들이 더 잘할 수 있을까?

A 걔네가 노력해야죠. 그런데 맨날 똑같단 말이에요.

교사 그렇구나. 친구들도 노력해야겠지. 또 어떤 것이 있을까?

A 몰라요.

교사 그렇구나. A는 피구할 때 언제가 제일 기분 좋니?

A 당연히 우리 편이 잘할 때죠. 이길 때가 제일 좋아요.

교사 그렇구나. 우리 편이 이겨서 기분이 좋으면 피구가 더 재미있어지는 구나. A도 기분이 좋으면 더 재미있니?

A 맞아요. 기분이 좋으면 재미있고, 더 하고 싶어져요.

교사 그렇구나. 선생님도 그래. 선생님도 친구들과 운동할 때 우리 편이 잘 하거나 선생님이 득점했을 때 친구들이 손뼉을 쳐주면 더 열심히 하게 되더 라고. A도 그렇니?

A 맞아요. 지난 체육 시간에 제가 절대 못 피할 공을 피했더니 친구들이 정 말 좋아했었어요.

교사 그렇구나. A가 기분이 정말 좋았겠구나. A도 친구들도 기분이 좋으면 더 잘할 수 있을 거야. 어떻게 하면 A와 친구들이 재미있고 기분 좋게 피구 를 할 수 있을까?

A 모르겠어요.

교사 그렇구나. 그럼 A가 언제 가장 기분이 좋은지 생각해 볼까?(해결책을 제안할 때는 학생이 스스로 해결책을 생각해 내는 것이 가장 좋다. 학생이 스스로 해 결책을 생각해 내지 못할 때는 질문을 바꿔서 다시 해보거나 교사가 수용 가능한 선택 지를 제안해서 학생이 선택하도록 도와주면 좀 더 쉽게 상황을 이끌어갈 수 있다. 예 를 들어 "친구가 잘했을 때 칭찬하거나, 친구가 오래 살아남을 수 있도록 A가 도와줄 수도 있어. 어떤 것을 선택해 볼래?"라고 말할 수 있다.)**(What-제안하기)**

A '친구들이 잘했다'고 말해 줄 때요.

교사 또 어떤 것이 있을까? **(What-제안하기)**

A 공을 잡았을 때 저한테 주는 거요.

교사 또? **(What-제안하기)**

A 친구들이 자기한테 날아오는 공을 잡아줬을 때 좋아했어요.

교사 그렇구나. A가 피구를 하면서 기분이 좋았던 경험이 많구나. 친구들을 기분 좋게 하는 방법 중에 A가 가장 잘하는 것이 무엇일까? **(What-제안하기)**

A 저는 공을 피하는 것은 잘해요. 지난번에도 제가 마지막까지 살아 남았어요.

교사 그렇구나. 그럼 A 모둠이 이기기 위해 열심히 공을 피해 볼까? **(Choice-선택하기)**

A 그런데 제가 실수해서 공을 못 피하면 어떻게 하죠? 친구들이 또 졌다고 놀릴 거예요.

How to(어떻게 할 것인가?)

구체적으로 어떻게 행동할 것인지 행동 방법을 결정한다.

교사 A가 공을 못 피해서 질까봐 걱정이구나. 선생님이랑 어떻게 하면 공을 더 잘 피할 수 있을지 고민해 볼까? 우리 반에서 피구할 때, 공을 가장 잘 피하는 친구가 누구니?

A 흠……. 우리 반에서는 □□가 제일 잘해요.

교사 그렇구나. □□는 어떻게 공을 피하길래 가장 잘하니?

A 그건 저도 잘 모르겠어요.

교사 그렇구나. 그건 선생님도 잘 모르겠네. 어떻게 하면 □□한테 피구 공을 잘 피하는 방법을 배울 수 있을까?

A 제가 가서 물어볼게요. 그리고 우리 모둠한테도 알려줄 거예요. **(How to-어떻게 할 것인가?)**

교사 그렇구나. 물어보면 방법을 알려줄 수도 있을 거야. 또 있을까?

A 다음 피구할 때 제가 □□가 어떻게 공을 피하는지 한번 봐볼게요. **(How to-어떻게 할 것인가?)**

교사 그렇구나. 선생님도 □□가 어떻게 피하는지 잘 볼게. 다음 피구 시간이 기대되니?

A 네! 기대돼요.

3단계 예상하기

....

If(예상되는 모습)

행동을 바꿨을 때 어떤 감정이 들고, 상황이 어떻게 변화될 것인지 예상해 본다.

교사 선생님도 정말 기대가 되는구나. 다음 피구를 하기 전에 A가 □□에게 꼭 공을 잘 피하는 법을 물어보렴. 다음 시간에 A가 공을 잘 피해서 친구들을 도와주면 어떻게 될 것 같니?

A 우리가 이길 것 같아요. 그럼 정말 기분 좋을 것 같아요. **(If- 예상되는 모습)**

교사 그렇구나. A가 노력해서 이긴다면 정말 기분이 좋을 거야. 친구들도 A

가 잘하는 모습을 보고 좋아할 것 같아.

감정 회복 프로토콜과 함께한 단 한 번의 상담으로 그 학생의 문제 행동이 즉각 교정되기는 어렵다. 비슷한 문제 행동은 언제든 다시 반복될 수 있다. 그러나 경험을 재구조화하기 위한 노력을 꾸준히 계속한다면 얼마든지 개선될 여지를 만들 수 있다.

Part 2
—
감정 수업
활동하기

감정 수업 활동을 시작하기 전에 ──

기본 감정표를 숙지해요!

기본 감정표를 보면 학생들의 다양한 감정에 관한 기본 감정이 무엇인지 알 수 있어요. 표에 나와 있지 않은 감정은 비슷한 단어로 유추하여 기본 감정을 파악해요. 기본 감정표는 정답이 있는 것이 아니므로 사람에 따라 다른 기본 감정으로 분류할 수도 있어요.

기본감정	감정
기쁨	즐거움, 감격, 벅찬, 환희, 행복, 재미있는, 사랑스러운, 편안한, 차분한, 성취감, 설렘, 고마운, 평온, 안온한, 여유로운, 활기찬, 희망, 기대되는, 홀가분한, 상쾌한, 감사함
슬픔	실망, 우울함, 속상함, 서러움, 울분, 낙담하는, 절망, 상심, 답답함, 괴로움, 눈물 나는, 참담함, 외로움, 무기력한, 섭섭함, 침울한, 고독감, 안타까운, 먹먹함, 서글픈, 서먹한, 미안함, 좌절되는
두려움	긴장되는, 불안한, 무서움, 공포, 절망스러운, 걱정되는, 근심되는, 초조한, 떨리는, 까마득한, 염려되는, 신경 쓰이는, 경직되는, 겁나는, 섬뜩한, 조마조마한, 혼란스러운, 끔찍한
화남	언짢은, 분한, 불편한, 격노, 격분, 분노, 분통, 못마땅한, 원통한, 노여움, 억울한, 배신감, 열받는, 심통난
놀람	당황, 황당, 소스라치는, 경악, 경이로운, 기겁하는, 질겁하는, 자지러지는, 신기한, 기묘한, 괴상한, 신비로운, 움츠러드는, 주춤하는, 충격받은
혐오	꺼려지는, 징그러운, 불쾌한, 끔찍한, 증오, 거북한, 마땅치 않은, 미운, 역겨운, 고약한, 매스꺼운, 더러운, 가증스러운, 얄미운, 경멸

감정 수업을 할 때 유의해요!

- 감정 수업 활동은 1단계(인식), 2단계(수용), 3단계(표현), 4단계(조절)의 순서대로 구성되어 있어요. 따라서 단계의 순서대로 적용할 것을 추천해요. 모든 활동을 다 할 필요는 없지만 순서는 지키는 것이 효과적이에요. 순서는 지키되 각 단계에서 효과적으로 보이는 활동만 추려서 적용할 수도 있어요.

- 학생들과의 감정 수업 활동에 앞서 교사가 미리 해당 활동을 해보기를 권장해요. 나도 모르게 쌓였던 감정이 해소되면서 활동에서 중요한 실마리를 마음으로 느껴볼 수 있어요.

- 감정 수업 활동지에 실명을 적을 경우 새로운 싸움의 불씨가 될 수 있어요. 학생들이 실명을 적지 않도록 반드시 사전에 약속하는 과정이 필요해요.

- 갈등이 없는 학급 구성원은 없어요. 학생들이 같은 반 친구와 싸웠던 일을 말로 하거나 글로 적는 일도 있을 수 있어요. 실명을 적지 않았더라도 내용을 유추해서 A와 B 사이에 일어났던 일이라고 놀릴 수 있으므로, 활동 전에 교사가 활동지를 검토(예를 들어 같은 반 학생과 과거에 있었던 일이나 구체적인 말과 행동이 함께 포함된 경우 그 학생에게 해당 내용을 삭제하도록 합니다. 이 과정에서 교사는 그 학생에 대한 정보를 얻을 수 있습니다.)한 뒤 활동하는 것을 추천해요.

- 감정 수업을 하기에 앞서서 왜 감정 수업을 해야 하는지 학생들에게 미리 안내하는 것이 좋아요. (예 : 감정 수업은 친구들에게 화내지 않고 서로 잘 지내기 위한 방법, 우울한 느낌보다 행복한 느낌을 갖기 위한 방법 등을 알려주는 수업이에요.)

- 글로 쓰는 활동은 다소 지루해하지만, 신체활동이나 놀이가 접목된 활동은 아이들이 좋아해요.

- 고학년 또는 평상시에 감정 표현이 강하지 않았던 학생들은 어떻게 표현해야 할지 힘들어하는 모습을 보이기도 해요. 너무 조급해하지 말고 꾸준히 해보기를 권해요.

- 소개되는 활동은 소요 시간이 긴 경우도 있어요. 전체 활동의 경우 처음에는 되도록 짧게 해보기를 추천해요.

1장

감정
알아차리기

감정 수업의 첫 번째 단계는 감정을 머리로 인식하는 것이다. 이를 위해 내가 아는 감정과 모르는 감정이 무엇인지 파악하고, 더 다양한 감정을 수용하고 표현할 수 있도록 아는 감정 단어를 늘려야 한다.

그런데 감정 단어를 가르치기 위해 다양한 감정을 파악하다 보면 생각보다 부정적인 감정이 많다는 것을 알게 된다. 바로 이 점 때문에 우리는 '부정적인 감정을 가르쳐도 될까?'라는 의문과 함께 감정 가르치기를 주저한다.

하지만 생각해 보자. 평소 우리가 느끼는 감정에 긍정적인 감정만 있을까?

학급에서 문제가 되는 상황은 대부분 부정적인 감정으로 인해서 생긴다. 감정 수업의 목표는 감정을 익혀서 상황에 맞게 조절하여 표현하는 것이다. 그러므로 부정적인 감정은 감정 수업의 좋은 수업 재료가 될 수 있다. 부정적인 감정을 꺼리기보다 건강하게 표현하게 하는 것이 학생의 장기적인 발전과 학급 운영에 더 도움이 된다.

감정에는 좋고 나쁨이 없다. 그러므로 부정적인 감정이라고 해서 나쁘다고, 가르치면 안 된다고 판단하는 것은 큰 오산이다. 감정을 가르칠 때는 긍정적인 감정 못지않게 부정적인 감정도 학생들이 조화롭게 배울 수 있도록 해야 한다.

이번 장에서는 감정 수업을 통해 교사와 학생이 감정을 천천히 알아차릴 수 있도록 감정으로의 초대장을 받게 될 것이다. 이 초대장은 감정을 색, 글, 그림 활동 등으로 알아차리고, 궁극적으로 감정 신호등(사각형, 육각형)을 통해 내가 아는 감정과 모르는 감정을 파악하여 감정에 대한 이해의 폭을 넓힐 수 있는 기회를 줄 것이다. 감정 수업 초대장을 받은 것을 환영하며, 감정 수업의 첫 단계인 '감정 알아차리기' 활동을 시작해 보자.

감정 팔레트

활동 목표

감정 단어를 정확하게 알지 못하는 학생에게 감정을 색깔로 말하도록 하면 좀 더 쉽게 감정을 표현할 수 있다. 색을 보고 떠오른 사물이나 상황과 연관 지어 나의 감정을 발표하면서 감정을 알아차리는 방법을 배운다.

활동 준비물

12색 색연필(또는 12색 색깔판), 흰색 지우개, 포스트잇

활동 준비와 설명

1 12색 색연필(또는 12색 색깔판)과 흰색 지우개를 준비한다.
2 학생별로 현재 나의 감정과 가장 잘 어울리는 색을 1가지씩 선택한다.
3 그 색을 선택한 이유를 포스트잇에 적는다.

🎨 이런 멘트로 시작해요!

감정에는 기분이 좋은 감정과 기분이 나쁜 감정, 그리고 기분이 좋지도 나쁘

지도 않은 감정 등 다양한 감정이 있어요.
본격적인 감정 수업에 앞서 우리가 느끼
는 감정을 색으로 표현해 보는 감정 팔레
트 활동을 해보려고 합니다. 오늘 여러분
의 기분은 어떤가요? 12색 색연필과 흰색
지우개 중 나의 현재 기분과 가장 잘 어울

리는 색을 고르고 그 이유도 함께 생각해 보세요. 선생님은 노란색을 골랐습
니다. 그 이유는 노란 개나리꽃이 피는 모습을 보니 정말로 기분이 좋기 때문
이에요. 여러분이 고른 색과 그 이유를 한번 들어볼까요?

활동 방법

• 전체 활동

모든 학생이 돌아가면서 자기가 선택한 색과 그 색을 선택한 이유(고학년이라
면 오늘 나의 감정까지 포함)를 발표한다.

• 개별 활동

1 가장 많은 학생이 선택한 색을 골라 그 친구들만 해당 색을 선택한 이유(고
  학년이라면 오늘 나의 감정까지 포함)를 발표한다. 예를 들어 총 20명의 학급에
  서 노란색 5명, 빨간색 7명, 하늘색 2명, 황토색 1명, 검은색 4명, 흰색 1명
  일 경우 빨간색을 선택한 학생 7명이 빨간색을 선택한 이유를 발표한다.

2 어제와 선택한 색이 달라진 학생만 그 색을 선택한 이유(고학년이라면 오늘
  나의 감정까지 포함)를 발표한다. 선택한 색이 달라졌음을 통해 감정의 변화

를 알아차릴 수 있다.

3 평소 선택하던 색과 다른 색을 선택했거나 부정적인 색(검은색 등)을 선택한 학생이 있을 때는 감정에 공감해 주기 위해 쉬는 시간이나 여유 시간에 그 색을 선택한 이유를 물어본다. 감정의 변화를 교사가 알아차리고 있다는 사실을 통해 학생은 감정을 공감받고 해소할 수 있으며, 장기적으로는 학생과의 관계가 좋아질 수 있다.

🎯 이런 멘트로 마무리해요!

감정을 색으로 나타내보니 어땠나요? 같은 색을 선택했지만 저마다 선택한 이유가 다른 것처럼, 우리는 다양한 감정을 느끼며 살아갑니다. 그래서 내가 현재 어떤 감정을 느끼고 있는지 정확히 알기 어려운 거예요. 감정을 색으로 연결해 보면 더 쉽게 알 수 있으니 종종 감정을 색으로 표현하면서 나의 감정을 알아차려 봅시다.

😊 Tip

• 너무 다양한 색을 제시하면 학생이 자신의 감정을 인식하는 데 방해가 될 수 있으므로 12색으로 제한하는 것이 좋아요. 12색 색연필에는 흰색이 없으므로 흰색을 표현하기 위해 지우개를 포함해요.

• 수업을 시작하기 전에 아침 활동으로 진행하면 효과적이에요.

• 아침 활동으로 진행할 때 학급의 모든 학생이 발표하면 시간이 모자랄 수도 있으므로 개별 활동으로 일부만 발표하거나 학급이 선택한 색의 경향성만 확인하여 전체 분위기를 파악할 수도 있어요.

- 감정 수업에 본격적으로 들어가기 전에 그림책(피어라 글 · 정지안 그림,《기분아 어디 있니》, 꼬마싱긋)을 읽고 자신의 감정을 고민해 본 뒤 이 활동을 하면 더 좋아요.

- 감정 표현을 어려워하는 학생일수록 감정 수업을 따라오는 것에 부담감을 많이 느끼므로 더욱 천천히 다가가려는 노력이 필요해요. 유독 검은색만 고집하는 학생이 있었는데 감정 팔레트 활동을 꾸준히 했더니 점차 다른 색을 선택하기 시작했어요. 다른 색을 선택한 이유를 넌지시 물어보니 '처음에는 어떤 색을 선택할지 몰라서 검은색을 선택했는데, 선생님과 친구들이 선택하는 것을 보고 따라 하면서 조금씩 알게 되었다.'고 말하더군요.

- 동시에 빨간색을 선택한 학생들에게 선택한 이유를 물어보면 다양한 이유를 이야기해요. 같은 색이라도 선택하는 이유가 다름을 배울 수 있어요.

감정 뇌 구조 그리기

활동 목표

학생들이 알고 있는 감정 단어를 파악하기 위해 학생들에게 친근한 뇌 구조 그림을 활용한다. 학생이 아는 감정과 감정을 떠올린 순서, 각 감정이 적힌 뇌 구조의 영역별 크기를 통해 현재 학생의 감정 상태를 파악할 수 있다.

활동 준비물

뇌 구조 그림 활동지

활동 준비와 설명

1 뇌 구조 그림 활동지를 준비한다.
2 내가 아는 감정을 떠올린다. 학생들의 이해를 돕기 위해 교사가 먼저 아는 감정을 설명하면 좋다.

🔘 이런 멘트로 시작해요!

여러분은 평소 나의 감정이 무엇인지 생각해 본 적 있나요? 우리가 매일매일 느끼고, 시시때때로 자주 변하기도 하는 감정은 우리가 어떻게 행동할지 알려주는 존재입니다. 그래서 화가 나면 숨이 거칠어지고, 기쁘면 크게 웃는 것이랍니다. 이렇게 소중한 감정이 다치지 않기 위해서는 현재 내가 느끼는 감정이 무엇인지 잘 알아야 합니다. 여러분이 아는 감정 단어에는 무엇이 있을까요? 오늘은 뇌 구조 그리기 활동을 통해 내가 아는 감정을 찾아보려고 합니다. 먼저 내가 아는 감정을 최대한 많이 적어보세요. 그리고 적은 감정 중에 현재 내가 가장 공감할 수 있는 감정부터 큰 영역에 적습니다. 감정을 다 적은 후에는 그 감정과 잘 어울리는 색을 칠해 보세요.

활동 방법

1 뇌 구조 그림 활동지에 내가 아는 감정을 순서대로 적는다.
2 1번에 적은 감정 중에서 가장 공감되는 감정부터 뇌 구조 그림의 넓은 영역에 적는다. 학생이 적은 감정보다 뇌 구조 영역의 수가 부족할 경우에는 비슷한 감정이라고 생각하는 감정을 합쳐서 같은 영역에 적는다.
3 각 감정과 관련된 경험을 떠올려 그 옆에 간단하게 적거나 단순한 그림으로 표현한다.
4 각 감정이 적힌 뇌 영역에 그 감정과 어울리는 색을 칠한다.
5 돌아가면서 가장 공감되는 감정이 무엇인지, 각 감정과 어울리는 색을 어떤 이유로 골랐는지 등을 발표한다.

😊 이런 멘트로 마무리해요!

여러분이 그린 뇌 구조 그림 중앙의 가장 넓은 영역에는 어떤 감정이 적혀 있나요? 친구의 그림을 통해 알 수 있듯이 똑같은 감정이라도 사람마다 중요하게 생각하는 정도가 다릅니다.

😊 Tip

- 많은 학생들이 감정 단어를 기억해 내기 힘들어해요. 교사가 예시를 말해 주거나 다른 학생들이 적은 것을 참고해서 적도록 안내하는 것이 좋아요.
- 같은 감정이지만 다른 색을 칠한 친구들과 색을 선택한 이유를 공유하면 감정에 대한 이해도가 높아져요.
- 이 활동은 학생들이 아는 감정을 파악하기 위한 활동이므로 최대한 많은 감정을 적도록 안내해요.
- 비슷한 감정으로 묶을 때는 특별한 기준 없이 학생들이 스스로 판단할 수 있도록 도와줘요.

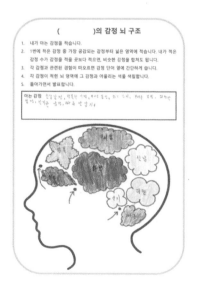
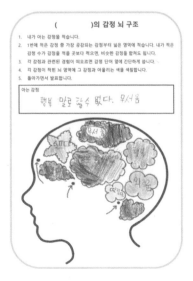

하루 감정 그래프 그리기

활동 목표

감정은 하루에도 계속해서 오르락내리락하기 때문에 감정을 언제 인식했느냐에 따라 각각 다른 감정을 느끼게 된다. 일과를 마치고 내가 느낀 감정을 돌아보며 오늘의 감정을 알아차리고, 그 감정이 자신에게 미친 영향을 알아본다.

활동 준비물

감정 그래프

활동 준비와 설명

1 학생별로 감정 그래프를 나눠 준다.
2 오늘 하루 느꼈던 감정을 시간 순서대로 적는다.

🔘 이런 멘트로 시작해요!

여러분은 오늘 아침에 일어나서 어떤 감정이 들었나요? 그리고 등교하면서, 교실에 들어서면서, 선생님과 친구를 만나서, 어떤 감정이 들었나요? 상황마다 감정이 비슷했나요, 아니면 달랐나요? 선생님은 어제 일찍 자서 아침에 정말 기분 좋게 일어났어요. 그런데 출근하면서 차가 많이 막혀서 기분이 안 좋아졌답니다. 그런데 교실에서 여러분을 만나면서 다시 기분이 좋아졌어요. 선생님이 말한 것처럼 오늘(혹은 주말에) 있었던 일의 순서대로 그래프를 그려봅시다. 기분이 좋은 만큼 위로, 나쁜 만큼 아래로 움직이면서 오늘 하루의 감정 그래프를 그려요. 그리고 감정이 변하는 부분에는 왜 감정이 변했는지도 적어보세요.

활동 방법

1 아침부터 일과가 끝날 때까지 있었던 사건들을 시간의 순서대로 몇 개 떠올린다.
2 가장 왼쪽부터 먼저 일어난 사건 순으로 당시 느꼈던 감정을 떠올리고 기분이 좋을수록 '+' 쪽으로, 기분이 좋지 않을수록 '-' 쪽으로 점을 찍는다.
3 그 당시 있었던 사건을 점을 찍은 곳의 위나 아래에 적는다.
4 당시 느꼈던 감정을 떠올리고, 기분이 좋아졌으면 '+' 쪽으로, 기분이 좋지 않아졌으면 '-' 쪽으로 선을 그린다.
5 점과 선을 이어 일과가 끝날 때까지의 하루 감정 그래프를 그린다.

🔵 이런 멘트로 마무리해요!

감정 그래프로 그려본 여러분의 하루는 어땠나요? 즐거웠나요? 힘들었나요? 행복하면 힘든 일도 견딜 수 있는 것처럼 감정은 우리에게 많은 영향을 미칩니다. 감정 그래프를 통해 현재 내 감정이 어디쯤 있는지 알아보면 더 행복한 하루를 보낼 수 있답니다.

😊 Tip

- 감정 그래프가 꺾이는 부분에 그 감정이 생겼을 때 일어난 사건을 적어요.

- 다른 학생과의 갈등으로 인해 안 좋은 감정을 느꼈을 경우, 해당 사건을 적을 때 그 학생에 대한 비난이나 부정적인 표현이 포함될 수 있어요. 그래서 감정과 관련된 사건에 대해 적을 때는 최대한 타인의 실명을 거론하지 않고 3인칭으로 적도록 안내해요. (예 : ○○이가 밀어서 화났어요. → 다른 사람에게 밀려서 화났어요.)

- 학생들 간의 다툼이 있을 때 어떻게 싸웠는지 묻는 대신 감정 그래프를 활용하여 상담할 수 있어요.

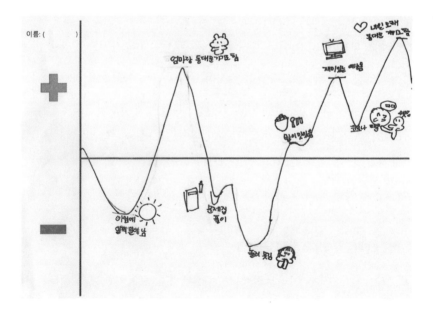

질문으로 감정과 친해지기

활동 목표

앞선 활동들이 감정을 단순히 인식하는 데 그쳤다면, 본 활동부터는 감정의 주인이 되는 '감정 수업'의 첫걸음을 시작한다. 더불어 〈1-5. 감정에 대해 알아가기〉 활동을 하기 전에 감정 단어에 대한 이해도를 높이기 위해 질문으로 감정에 대해 인식하도록 한다.

활동 준비물

감정 질문 활동지(필요에 따라), 잔잔한 음악, 토킹스틱

활동 준비와 설명

1 질문 목록과 토킹스틱을 준비한다.
2 잔잔한 음악을 깔아서 학생들이 마음을 차분히 한 뒤 활동에 임할 수 있도록 한다.

- **감정에 대한 전반적인 이해를 돕기 위한 질문 목록**

  - 오늘 기분은 어떤가요?
  - 오늘 기분을 점수로 나타낸다면 몇 점일까요? 1~5점까지 손으로 나타내 봅시다.
  - (기쁜 표정의 얼굴 사진을 보여주고) 이 친구는 어떤 감정을 느끼고 있을까요? 나도 최근에 이런 감정을 느껴본 적이 있나요?
  - (슬픈 표정의 얼굴 사진을 보여주고) 이 친구는 어떤 감정을 느끼고 있을까요? 나도 최근에 이런 감정을 느껴본 적이 있나요?

- **1~2학년 질문 목록**

  - 기분이 좋았던 경험이 있나요?
  - 기분이 좋지 않았던 경험이 있나요?

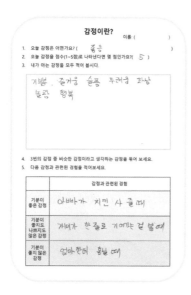
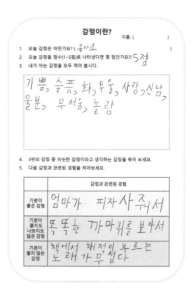

- 기분이 좋지도 나쁘지도 않았던 경험이 있나요?

• 3~4학년 질문 목록

- 내가 알고 있는 감정은 몇 개가 있을까요? 활동지에 적은 뒤 비슷한 감정
  끼리 묶어보세요.
- 사람의 감정 중 기본 감정이 있다는 것을 알고 있나요? 총 몇 개가 있을까
  요?
- 사람의 기본 감정에는 '기쁨, 슬픔, 두려움, 화남'이 있습니다. 최근에 기
  쁨, 슬픔, 두려움, 화남을 느꼈던 경험이 있나요? 활동지에 그 경험을 적어
  봅시다. 경험을 적을 때는 "○○가 지우개를 빌려갔는데 안 돌려줘서 화가
  났어요."라고 적기보다는 "친구가 지우개를 빌려갔는데, 안 돌려줘서 화
  가 났어요."처럼 다른 사람의 이름을 친구라는 단어로 바꿔서 적도록 합

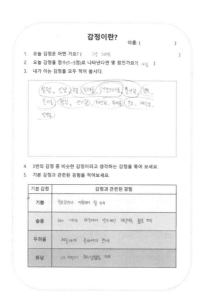

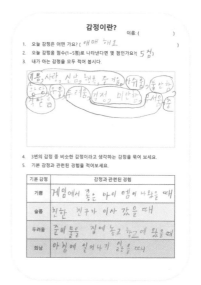

니다.

- 여러분이 적은 기본 감정과 관련된 경험을 돌아가면서 발표해 보도록 하겠습니다(시간이 부족한 경우 기본 감정 1개와 연관된 가장 강렬했던 경험 한 가지만 발표해도 된다). 경험을 이야기할 때도 적을 때와 마찬가지로 특정 이름을 그대로 말하지 않고 '친구'라는 단어로 바꿔서 발표하도록 합니다.

• 5~6학년 질문 목록

- 내가 알고 있는 감정은 몇 개가 있을까요? 활동지에 적은 뒤 비슷한 감정 끼리 묶어보세요.
- 사람의 감정 중 기본 감정이 있다는 것을 알고 있나요? 총 몇 개가 있을까요?
- 사람의 기본 감정에는 '기쁨, 슬픔, 두려움, 놀람, 화남, 혐오'가 있습니다.

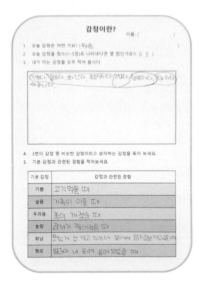
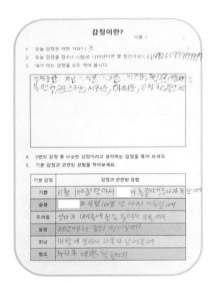

최근에 기쁨, 슬픔, 두려움, 놀람, 화남, 혐오를 느꼈던 경험이 있나요? 활동지에 그 경험을 적어봅시다. 경험을 적을 때는 "○○가 지우개를 빌려갔는데 안 돌려줘서 화가 났어요."라고 적기보다는 "친구가 지우개를 빌려갔는데, 안 돌려줘서 화가 났어요."처럼 다른 사람의 이름을 친구라는 단어로 바꿔서 적도록 합니다.

- 여러분이 적은 기본 감정과 관련된 경험을 돌아가면서 발표해 보도록 하겠습니다(시간이 부족한 경우 기본 감정 1개와 연관된 가장 강렬했던 경험 한 가지만 발표해도 된다). 경험을 이야기할 때도 적을 때와 마찬가지로 특정 이름을 그대로 말하지 않고 '친구'라는 단어로 바꿔서 발표하도록 합니다.

🔵 이런 멘트로 시작해요!

오늘은 기분이 어떤가요? 여러분은 여러분의 기분이 무엇인지 알고 있나요? 기분이나 감정은 여러분이 어떻게 행동할지 결정하게 하는 힘이 있습니다. 기분이 좋으면 웃고, 슬프면 울고, 무서우면 몸을 움츠리고, 화가 나면 목소리가 커지는 것은 감정이 내가 어떻게 행동할지 결정해 주기 때문입니다. 그래서 감정을 제대로 배워서 건강하게 표현하면 가족과 친구, 선생님과 더 행복하게 지낼 수 있게 됩니다. 지금부터 감정의 주인이 되는 '감정 수업'의 첫걸음을 시작해 보려고 합니다.

활동 방법

1 (활동지를 할 경우) 활동지의 질문에 따라 자신의 경험을 적는다.
2 책상을 없애고 동그랗게 의자를 배치한다.
3 질문 목록의 내용을 바탕으로 질문을 한 후 교사가 토킹스틱을 들고 먼저

시범을 보인 뒤 학생들이 돌아가면서 자신의 경험을 발표한다. 발표할 경험이 없는 경우 패스할 수 있다.

4 다른 학생이 발표할 때 공감되는 내용이 있으면 엄지나 손을 들어 공감의 표시를 한다.

🙂 이런 멘트로 마무리해요!

지금까지 질문을 통해 내가 아는 감정과 그 감정과 관련된 경험을 알아봤습니다. 나는 감정 단어를 얼마나 알고 있을까요? 감정 단어를 아는 만큼 더 많은 감정을 느끼고 표현할 수 있게 됩니다. 감정을 더 잘 알고 표현하게 되면, 우리는 감정의 주인이 될 수 있습니다.

🙂 Tip

- 학생 발달 수준에 따라 감정을 느낀 시기를 조정해요. 저학년의 경우 어제 있었던 일로 말하게 하는 것이 좋아요.
- 활동지를 사용할 때는 미리 활동지를 충분히 작성하게 한 후 책상을 없애고 동그랗게 앉는 것이 활동에 효과적이에요.
- 질문 목록에 있는 질문을 모두 할 필요는 없지만, 다양한 감정에 대한 학생들의 경험을 충분히 공유할 수 있는 기회를 제공하는 것이 좋아요. 저학년은 '기분이 좋은 감정과 기분이 좋지 않은 감정', 고학년은 '기쁨, 화남'의 감정은 반드시 공유할 수 있도록 해요.
- 토킹스틱은 다음 사람에게 손쉽게 넘길 수 있는 딱딱한 막대기의 형태가 좋아요. 토킹스틱을 들고 있는 사람만 말할 수 있어요.

- 경험을 적거나 발표할 때는 특정 인물이 호명되지 않도록 주의해야 한다는 점을 꼭 안내해요.
- 이 활동은 〈1-5. 감정에 대해 알아가기〉 활동을 하기 전에 하면 더 효과적이에요.

감정에 대해 알아가기

감정 신호등 • 1~2학년 추천

활동 목표

아는 감정 단어를 파악하기 위해 저학년과 하기 좋은 활동이다. 기분이 좋은 감정과 나쁜 감정, 기분이 좋지도 나쁘지도 않은 감정으로 나눠서 학급 전체에서 아는 감정을 브레인스토밍하여 감정 수업 활동에 활용할 수 있다. 학급용에서 차츰 발전시켜 개인용 감정 신호등을 만드는 것이 목표이다.

활동 준비물

칠판, 보드마카(빨간색, 노란색, 초록색)

활동 준비와 설명

1 칠판에 3줄로 된 표를 그리고, 2칸으로 나누어 감정 신호등 표를 그린다.
2 왼쪽 열에 빨간색, 노란색, 초록색 색종이를 붙이거나 보드마카를 이용해 색칠한다.

●	화, 슬픔, 두려움, 눈물
●	놀람, 그저그런
●	기쁨, 행복, 기다림

🔴 이런 멘트로 시작해요!

여러분, 오늘 기분은 어떤가요? 좋은가요? 나쁜가요? 이 활동은 기분이 좋은 감정과 기분이 나쁜 감정, 기분이 좋지도 나쁘지도 않은 감정으로 나누는 활동으로 '감정 신호등'이라고 부릅니다. 재미있는 감정 수업을 하려면 우리가 아는 감정이 무엇인지 알아볼 필요가 있어요. 그래서 지금부터 여러분이 말해 주는 감정을 기분이 좋은 감정은 초록색에, 기분이 좋지 않은 감정은 빨간색에, 기분이 좋지도 않고 나쁘지도 않은 감정은 노란색에 적어보려고 합니다.

활동 방법

1 칠판에 감정 신호등 표를 그린다.
2 "기분이 좋은 감정은 무엇이 있을까요?"라고 질문하여 브레인스토밍 후 초록색 칸에 적는다.
3 "기분이 좋지 않은 감정은 무엇이 있을까요?"라고 질문하여 브레인스토밍 후 빨간색 칸에 적는다.
4 "기분이 좋지도 나쁘지도 않은 감정은 무엇이 있을까요?"라고 질문하여 브레인스토밍 후 노란색 칸에 적는다.

5 신호등의 의미와 연관 지어 감정 표현 방법을 설명한다.

- 빨간색 : 나와 다른 사람을 불편하게 할 수 있어 잠시 멈추고 생각한 뒤 표현해야 하는 감정

- 노란색 : 나와 다른 사람에게 어떤 영향을 줄지 고민한 뒤 표현해야 하는 감정

- 초록색 : 나와 다른 사람을 행복하게 하므로 평소 많이 표현해야 하는 감정

🔵 이런 멘트로 마무리해요!

내가 아는 감정을 신호등으로 정리해 보니 어떤가요? 내가 아는 감정 단어와 모르는 감정 단어를 구분하다 보면 다양한 감정을 배울 수 있게 됩니다. 오늘 우리가 만든 학급용 감정 신호등은 감정 수업 활동 중에 자주 사용하기 위해 교실에 게시해 놓을 거예요. 현재 내 감정이 무엇인지 궁금할 때 수시로 확인해 보세요.

🙂 Tip

- 브레인스토밍을 할 때 기분이 좋은 감정과 좋지 않은 감정, 좋지도 나쁘지도 않은 감정을 교사가 구분할 필요는 없어요. 학생들의 의견을 존중해서 만들어요.

- 학생들끼리 의견이 다르다면 그 감정과 관련된 경험을 이야기하여 그 감정에 대한 느낌을 되돌아본 뒤 중복이 가능한 투표(동의하는 모든 의견에 손을 드는 투표)로 결정해요.

- 저학년은 아직 감정에 대한 인식이 부족한 경우가 많아 감정을 이분법적으

로 생각하는 경향이 있어요. 기분이 좋지도 나쁘지도 않은 감정이 나오지 않았다면 노란색 칸은 채우지 않아도 돼요.

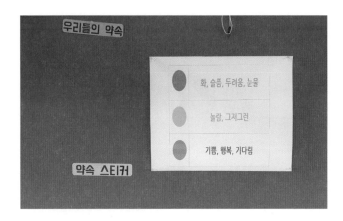

감정 사각형 • 3~4학년 추천

활동 목표

브레인스토밍을 통해 '감정 사각형'을 만들면서 아는 감정과 모르는 감정을 구분할 수 있다. 학년별 수준에 맞는 학급용 감정 사각형을 만들면 감정 수업 시 활동 도구로 지속해서 활용할 수 있고, 개인용 감정 사각형을 만들면 아는 감정 단어를 확인하고 평소 느끼는 감정 단어를 정리할 수 있다.

감정 사각형에서 각 감정 단어가 차지하는 영역이 작을수록 강도가 약한 감정 이며 조절이 쉽다. 그리고 차지하는 영역이 클수록 강도가 강한 감정이며 조절 이 어렵다. 감정 사각형을 붙여놓고, 감정이 불편할 때 나의 감정을 찾는 용도 로 사용하면 감정을 쉽게 인식하고 조절할 수 있다.

활동 준비물

기본 감정이 적혀 있는 감정 사각형 활동지

활동 준비와 설명

1 학급용 감정 사각형을 만들 때는 칠판을 4개의 분면으로 나눈다.
2 개인용 감정 사각형을 만들 때는 학생들에게 개별적으로 활동지를 나눠
   준다.

🔵 이런 멘트로 시작해요!

여러분, 오늘 기분은 어떤가요? 좋은가요? 나쁜가요? 이 활동은 여러 감정을
'기쁨, 슬픔, 두려움, 화남'이라는 4가지 기본 감정으로 나눠보는 활동입니다.
예를 들어 '기쁨'과 비슷한 느낌이 드는 감정은 무엇이 있을까요? '즐거움, 환
희' 등 기쁨과 비슷한 느낌의 단어는 많습니다. 기쁨과 마찬가지로 슬픔, 두려
움, 화남과 비슷한 느낌이 드는 감정을 브레인스토밍해 보면서 내가 아는 감정
과 모르는 감정을 알아보겠습니다.

활동 방법

• 학급용 감정 사각형

1 칠판을 4개의 영역으로 나누고, 각 영역에 4가지 기본 감정(기쁨, 슬픔, 두려
   움, 화남)을 적는다.
2 학급 전체에서 기본 감정과 비슷한 감정을 브레인스토밍한다.
3 각 기본 감정 내에서 강도가 약한 감정에서 강한 감정 순서대로 1~5까지의

번호를 매긴다. 사각형의 안쪽부터 약한 감정을 적고, 밖으로 나가면서 점차 강한 감정을 적는다.

4 약한 감정과 강한 감정에 대하여 학생들끼리 의견이 다르다면 중복이 가능한 투표로 결정한다.

5 완성된 사각형을 사진으로 남겨 우리 반 감정 사각형을 만든 뒤 이후 감정 수업 활동에 활용한다.

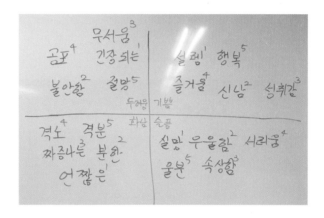

• **개인용 감정 사각형**

1 학생별로 감정 사각형 활동지를 받는다.

2 주어진 기본 감정과 비슷하다고 생각하는 5가지 감정을 표에 적는다.

3 각 기본 감정 내에서 강도가 약한 감정에서 강한 감정 순서대로 1~5까지의 번호를 매긴다.

4 사각형의 안쪽부터 자신이 생각하는 약한 감정을 적고, 밖으로 나가면서 점차 강한 감정을 적는다.

5 완성된 사각형을 짝과 공유하여 내가 적지 않은 감정이 있으면 가장 바깥쪽

에 적거나 간단한 그림으로 표현한다.

🔵 이런 멘트로 마무리해요!

내가 아는 감정을 사각형으로 정리해 보니 어떤가요? 내가 아는 감정 단어와
모르는 감정 단어를 구분하다 보면 다양한 감정을 배울 수 있게 됩니다. 오늘
우리가 만든 학급용 감정 사각형은 감정 수업 활동 중에 자주 사용하기 위해
교실에 게시해 놓을 거예요. 현재 내 감정이 무엇인지 궁금할 때 수시로 확인
해 보세요.

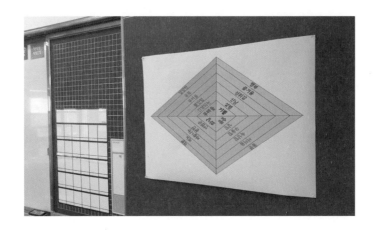

😊 Tip

- 학생들이 다양한 감정을 알지 못하므로 처음에는 학급용 감정 사각형을 만
  들어 아는 감정의 개수를 늘린 이후 개별적으로 활동하는 것이 더 효과적이
  에요.
- 학생마다 강도가 약한 감정과 강한 감정이 다를 수 있어요. 친구와 공유할

때 이 부분을 자세히 관찰해 볼 수 있도록 안내해요. 이 차이를 통해 사람마다 유독 더 힘들어하는 감정이 있다는 것을 파악할 수 있어요.

- 약한 감정과 강한 감정의 차이는 감정을 느꼈을 때 표현되는 행동의 강도와 지속성으로 구분할 수 있어요. 행동의 강도와 지속성이 강할수록 강한 감정이에요. 예를 들어 설렘과 행복을 떠올릴 때 더 강렬하게 느껴지는 쪽이 강한 감정이에요.

- 기본 감정과 비슷한 감정을 적을 때 5가지를 모두 적지 못하는 학생이 많아요. 이럴 때는 교사가 알려주기보다 학급 전체 질문을 통해 다른 학생이 대답하게 하거나, 짝의 감정을 보고 참고하도록 하는 것이 좋아요.

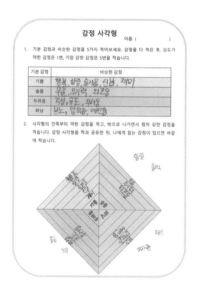
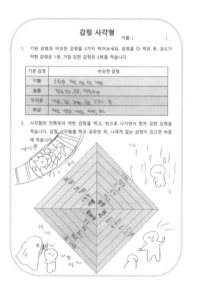

감정 육각형 ·5~6학년 추천

활동 목표

브레인스토밍하여 학급용 '감정 육각형'을 만들면서 아는 감정과 모르는 감정을 구분할 수 있다. 학년별 수준에 맞는 학급용 감정 육각형을 만들면 감정 수업 시 활동 도구로 지속해서 활용할 수 있고, 개인용 감정 육각형을 만들면 아는 감정 단어를 확인하고, 평소 느끼는 감정 단어를 정리할 수 있다.

감정 육각형에서 각 감정 단어가 차지하는 영역이 작을수록 강도가 약한 감정이며 조절이 쉽고, 차지하는 영역이 클수록 강도가 강한 감정이며 조절이 어렵다. 감정 육각형을 붙여놓고, 감정이 불편할 때 나의 감정을 찾는 용도로 사용하면 감정을 쉽게 인식하고 조절할 수 있다.

감정 사각형과 감정 육각형으로 구분하는 이유는 감정의 영역과 개수를 늘리기 위해서이다. 감정 수업의 장기적인 목표는 알고 표현할 수 있는 감정의 개수를 늘리는 것이다. 이를 위해서는 기본 감정의 영역을 늘린 뒤 각 감정을 구분해 봐야 한다. 감정에 대한 이해도가 부족한 경우 1학기 초에 감정 사각형으로 감정 수업을 한 뒤, 2학기에 감정 육각형으로 발전시키면 더 효과적이다.

활동 준비물

기본 감정이 적혀 있는 감정 육각형 활동지

활동 준비와 설명

1 학급용 감정 육각형을 만들 때는 칠판을 6개의 분면으로 나눈다.
2 개인용 감정 육각형을 만들 때는 학생들에게 개별적으로 활동지를 나눠 준다.

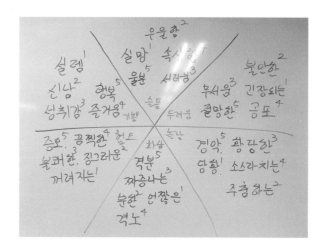

🔵 이런 멘트로 시작해요!

여러분, 오늘 기분은 어떤가요? 좋은가요? 나쁜가요? 이 활동은 감정을 '기쁨, 슬픔, 두려움, 화남, 혐오, 놀람'이라는 6가지 기본 감정으로 나눠보는 활동입니다. 예를 들어 '화남'과 비슷한 느낌이 드는 감정은 무엇이 있을까요? '절망, 분노' 등 화남과 비슷한 느낌의 단어는 많습니다. 화남과 마찬가지로 기쁨, 슬픔, 두려움, 혐오, 놀람과 비슷한 느낌이 드는 감정을 브레인스토밍해 보면서 내가 아는 감정과 모르는 감정을 알아보겠습니다.

활동 방법

• 학급용 감정 육각형

1 칠판을 6개의 영역으로 나누고, 각 영역에 6가지 기본 감정(기쁨, 슬픔, 두려움, 화남, 혐오, 놀람)을 적는다.

2 학급 전체에서 기본 감정과 비슷한 감정을 브레인스토밍한다.

3 각 기본 감정 내에서 강도가 약한 감정에서 강한 감정 순서대로 1~5까지의 번호를 매긴다.

4 육각형의 안쪽부터 약한 감정을 적고, 밖으로 나가면서 점차 강한 감정을 적는다.

5 완성된 육각형을 사진으로 남겨 우리 반 감정 육각형을 만든 뒤 활동에 활용한다.

• 개인용 감정 육각형

1 학생별로 감정 육각형 활동지를 받는다.

2 주어진 기본 감정과 비슷하다고 생각하는 5가지 감정을 표에 적는다.

3 각 기본 감정 내에서 강도가 약한 감정에서 강한 감정 순서대로 1~5까지의 번호를 매긴다.

4 육각형의 안쪽부터 약한 감정을 적고, 밖으로 나가면서 점차 강한 감정을 적는다.

5 완성된 육각형을 짝과 공유하여 내가 적지 않은 감정이 있으면 가장 바깥쪽에 적는다.

🌑 이런 멘트로 마무리해요!

내가 아는 감정을 육각형으로 정리해 보니 어떤가요? 내가 아는 감정 단어와 모르는 감정 단어를 구분하다 보면 다양한 감정을 배울 수 있게 됩니다. 오늘 우리가 만든 학급용 감정 육각형은 감정 수업 활동 중에 자주 사용하기 위해 교실에 게시해 놓을 거예요. 현재 내 감정이 무엇인지 궁금할 때 수시로 확인해 보세요.

☺ Tip

- 학생들이 다양한 감정을 알지 못하므로 처음에는 학급용 감정 육각형을 만들어 아는 감정의 개수를 늘린 이후 개별적으로 활동하는 것이 더 효과적이에요.

- 학생마다 강도가 약한 감정과 강한 감정이 다를 수 있어요. 친구와 공유할 때 이 부분을 자세히 관찰해 볼 수 있도록 안내해요. 이 차이를 통해 사람마다 유독 더 힘들어하는 감정이 있다는 것을 파악할 수 있어요.

- 약한 감정과 강한 감정의 차이는 감정을 느꼈을 때 표현되는 행동의 강도와 지속성으로 구분할 수 있어요. 행동의 강도와 지속성이 강할수록 강한 감정이에요. 예를 들어 설렘과 행복을 떠올릴 때 더 강렬하게 느껴지는 쪽이 강한 감정이에요.

- 기본 감정과 비슷한 감정을 적을 때 5가지를 모두 적지 못하는 학생이 많아요. 이럴 때는 교사가 알려주기보다 학급 전체 질문을 통해 다른 학생이 대답하게 하거나, 짝의 감정을 보고 참고하도록 하는 것이 좋아요.

 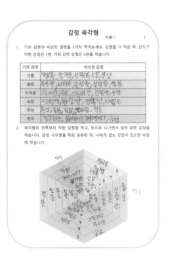

감정 비주얼씽킹 카드 만들기

활동 목표

⟨1-5. 감정에 대해 알아가기⟩ 활동으로 아는 감정과 모르는 감정이 무엇인지 파악했다면, 그 감정을 활용하여 다양한 활동을 통해 감정 단어를 익힐 필요가 있다. 감정 비주얼씽킹 카드를 만들어 감정을 글과 그림으로 표현하고 다양한 게임으로 활용할 수 있다.

활동 준비물

색연필, 사인펜(네임펜), 활동지 양식, A4 도화지(A4 색상지), 볼펜이나 연필

활동 준비와 설명

1 A4 도화지에 활동지 양식을 인쇄한다. A4 용지를 사용하면 비주얼씽킹 카드를 만들 때 그림이 뒤에 비쳐서 내용이 다 보이기 때문에 활동에 어려움을 겪을 수 있다. A4 도화지가 없다면 두꺼운 A4 색상지를 사용하는 것이 좋다.

2 색연필과 사인펜(네임펜)은 12색이 넘지 않는 것이 좋다. 너무 많은 색이 있는 도구를 사용하면 수업 중 색을 고르는 시간이 많아져 효과적이지 않다.

🔔 이런 멘트로 시작해요!

'감정 신호등(사각형, 육각형)'을 통해서 우리가 아는 감정 단어를 같이 알아봤습니다. 이 감정 단어를 비주얼씽킹이라는 수업 방법을 활용해 표현해 보려고 합니다. 비주얼씽킹은 배운 것을 글과 그림으로 나타내는 것인데요. 감정 단어와 그 감정이 언제 느껴지는지, 그리고 그 상황은 어떤 것인지 비주얼씽킹으로 나타내보려고 합니다.

활동 방법

1 활동지의 첫 줄에 감정 단어 8가지를 쓴다.
   - 학급용 감정 신호등 : '기분이 좋은 감정'에서 3가지, '기분이 좋지 않은 감정'에서 3가지, '기분이 좋지도 나쁘지도 않은 감정'에서 2가지 선택하기
   - 학급용 감정 사각형 : '기쁨, 슬픔, 두려움, 화남'에서 각각 2가지씩 선택하기
   - 학급용 감정 육각형 : '기쁨, 슬픔, 두려움, 화남, 혐오, 놀람'에서 각각 1가지씩, 나머지 2가지는 자유롭게 선택하기
2 두 번째 줄에는 그 감정이 언제 느껴지는지 자신의 경험을 적는다.
3 세 번째 줄에는 2번의 상황을 비주얼씽킹으로 간단하게 나타낸다.
4 8장을 모두 잘라 완성한다.

🔔 이런 멘트로 마무리해요!

지금까지 우리가 감정을 글로 적어봤다면, 이번에는 감정 비주얼씽킹 카드를 만들어 간단한 그림을 통해 감정을 표현해 봤습니다. 감정을 그림으로 그려보니 어떤가요? 각 감정을 좀 더 자세히 알 수 있게 되지 않았나요? 오늘 만든 카드로 다양한 보드게임을 하면서 감정을 재미있게 배워보도록 해요.

- 비주얼씽킹 그림은 자세히 그리는 것이 아니라 쉽고 간단하게 그리는 것이므로 교사가 먼저 시범을 보여줄 필요가 있어요.

- 감정 이름을 너무 진하게 쓰면 뒤에서 비쳐 보여 카드를 활용한 게임에 어려움을 겪을 수 있으므로 연하게 쓰도록 안내해요.

- 학급용 감정 신호등(사각형, 육각형)에 있는 감정만 적도록 안내해요. 이후 감정 비주얼씽킹 카드로 활동을 할 때 미리 공유되지 않은 감정이 나오면 활동에 어려움을 겪게 돼요. 만약 공유되지 않은 감정 카드가 활동에 나온다면, 그 카드를 제외하고 다른 카드를 만들어서 활용해요.

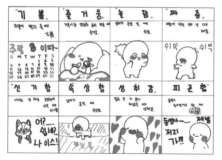

감정 카드 게임

활동 목표

감정 비주얼씽킹 카드를 활용하여 학생들에게 친근한 보드게임을 함으로써
다양한 감정을 자연스럽게 이해하는 기회를 제공한다.

활동 준비와 설명

1 감정 비주얼씽킹 카드를 준비한다.
2 더 재미있는 활동을 위해 모둠에서 카드(4명 기준, 총 32장)를 합쳐 옆 모둠과
　 바꾼다. 이때 바꾼 카드의 앞면을 보지 않는다.

😐 이런 멘트로 시작해요!

여러분, 보드게임을 해본 적 있나요? 오늘은 우리가 만든 감정 비주얼씽킹 카
드를 이용해서 재미있는 보드게임을 할 거예요.

1. 메모리 게임

활동 준비물

감정 비주얼씽킹 카드(개인별 8장씩)

활동 방법

1 옆 모둠에서 받은 32장의 카드를 잘 섞어 뒷면이 보이도록 놓는다.

2 카드 32장을 8×4 형태로 책상에 배치한다.

3 순서를 정해 한 학생이 카드 2장을 연속으로 뒤집었을 때 서로 비슷한 영역의 감정(예 : 기분이 좋은 감정, 좋지 않은 감정 / 기쁨, 슬픔, 두려움, 화남, 혐오, 놀람)이 나오면 두 감정이 어떤 영역의 감정인지 말하고 2장을 가져간다.

4 가장 많은 감정 카드를 가져가는 학생이 오늘의 감정왕이 된다. 활동 후 짝이 맞지 않는 감정 카드는 제외한다.

1. 카드를 뒤집어 8×4로 놓는다.　　　　2. 카드 2장을 뒤집는다.

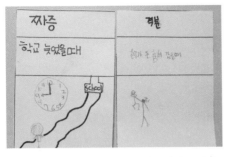

3. 같은 기본 감정일 때만 카드 2장을 가질 수 있다.　　　4. 게임을 다시 반복한다.

2. 감정 빙고

활동 준비물

감정 비주얼씽킹 카드(개인별 8장씩)

활동 방법

1 옆 모둠에서 받은 32장의 카드를 잘 섞어 개인별로 8장씩 나눈다.

2 8장의 카드를 감정이 보이도록 일렬로 늘어놓는다.

3 가위바위보로 순서를 정한다.

4 자기 순서가 되면 가장 바깥쪽에 있는 감정 중 1가지를 선택하여 외치며, 그 카드를 뒤집어 놓는다. 예를 들어 카드가 다음 페이지 사진과 같이 놓여 있다면 '속상함'과 '혐오' 중 1가지를 외칠 수 있다. 내가 '속상함'을 외쳤다면, 다른 사람들도 자신의 카드의 양 끝 쪽에 '속상함'이 있을 때만 뒤집을 수 있다.

5 다음 차례의 사람 역시 자신이 가진 카드의 양 끝에 위치한 감정 중 하나를
   말하며 해당 카드를 뒤집는다.

6 같은 방식으로 진행해 자신이 가진 모든 카드를 먼저 뒤집은 사람이 오늘의
   감정왕이 된다.

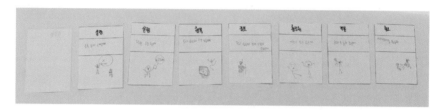

3. 감정 부루마블

활동 준비물

감정 비주얼씽킹 카드(개인별 8장씩), 주사위, 말(지우개), 포스트잇

활동 방법

1 32장의 감정 카드를 감정이 보이지 않게 섞어 뒤집은 뒤 한 면에 8장씩 들
   어가도록 부루마블 모양으로 놓는다.

2 각자 말을 정하고, 주사위를 굴려 말이 올라간 곳의 감정 카드를 뒤집어 감

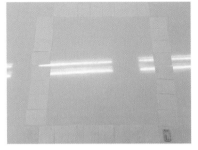
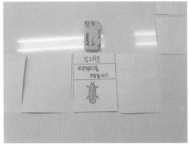

1. 준비   2. 주사위를 굴려서 카드를 뒤집었을 때

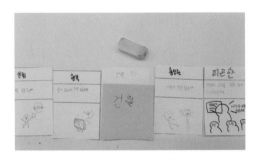

3. 이름을 적거나 포스트잇으로 맞힌 카드에 표시

정을 본다. 그리고 그 감정의 기본 감정(감정 신호등, 또는 감정 사각형이나 육각형 참고)이 무엇인지 말하고 카드를 감정이 보이도록 놓는다. 기본 감정이 무엇인지 설명하지 못한 경우 그 카드를 다시 뒤집어 놓는다.

3 기본 감정이 무엇인지 맞힌 카드에는 자기 이름을 적은 포스트잇을 붙인다. 주사위를 굴렸을 때 기본 감정이 무엇인지 맞히는 기회는 1번이고, 설명이 끝나면 다음 사람에게 순서가 넘어간다. 가장 많은 감정의 기본 감정을 맞힌 사람이 오늘의 감정왕이 된다.

4. 감정 할리갈리

활동 준비물

감정 비주얼씽킹 카드(개인별 8장씩), 할리갈리 종

활동 방법

1 옆 모둠에서 받은 32장의 카드를 잘 섞어 감정이 보이지 않게 개인별로 8
   장씩 나눈다.

2 모두 모여 할리갈리 종을 한가운데에 놓고 가위바위보로 순서를 정한다.

3 자기 앞의 카드를 뒷면이 위로 향하게 하여 쌓아두고, 한쪽 손으로는 자신
   의 한 쪽 귀를 잡는다.

4 순서대로 돌아가며 다른 사람이 먼저 볼 수 있도록 반대쪽 손으로 카드를
   할리갈리 종을 향하여 뒤집어 내려놓는다.

5 뒤집힌 카드 중에서 비슷한 감정 영
   역의 카드가 나오면 귀를 잡고 있던
   손으로 종을 친 뒤 어떤 영역의 감정
   인지 맞혀야 한다. 예를 들어 '설렘',
   '즐거움'처럼 '기쁨'의 감정 영역 카드
   가 나오면 "기쁨!"이라고 외치고 맞으
   면 카드를 가져간다.

6 가장 먼저 모든 카드를 가져가는 학생이 오늘의 감정왕이 된다.

🔵 이런 멘트로 마무리해요!

우리가 직접 만든 감정 카드로 보드게임을 하니 재미있었나요? 감정 카드로 평소 재미있게 하던 게임을 해보면 더 쉽게 감정 단어를 배우고 이해할 수 있게 됩니다.

☺ Tip

- 학생들에게 널리 알려져 익숙한 게임들이니 활동 설명은 간략히 해도 괜찮아요.
- 비슷한 기본 감정을 맞히는 것을 어려워하는 학생들이 많으므로 학급용 감정 신호등(사각형, 육각형)을 교실 앞에 게시하여 참고하게 하는 것이 좋아요.

나만의 감정 만들기

활동 목표

감정 수업의 목표 중 하나는 내가 아는 감정과 모르는 감정을 구분하는 것이다. 앞선 활동들이 내가 아는 감정을 인식하는 것에 주안점을 두었다면 나만의 감정 만들기는 내가 모르는 감정이나 더 알고 싶은 감정을 찾아보면서 감정에 대한 이해의 폭을 넓히는 것이 목표이다. 개인용 감정 신호등(사각형, 육각형)을 활용하여 짝과 비교하면서 내가 몰랐던 감정이나 흥미로운 감정을 찾아 나만의 감정을 만들어본다.

활동 준비물

개인용 감정 신호등(사각형, 육각형), 감정 비주얼씽킹 활동지, 12색 색연필, 12색 사인펜(네임펜)

활동 준비와 설명

1 활동지는 뒷면이 비치지 않는 A4 도화지에 인쇄하는 것이 좋다.

2 색연필과 사인펜(네임펜)은 12색을 넘지 않는 것이 좋다. 너무 많은 색이 있

는 도구를 사용하면 수업 중 색을 고르는 시간이 많아져 효과적이지 않다.

🔵 이런 멘트로 시작해요!

지금까지 우리가 했던 감정 수업 활동들은 우리가 아는 감정 단어를 알아보고 정리하는 활동들이었습니다. 오늘 우리가 할 나만의 감정 만들기 활동은 내가 모르거나 더 알고 싶은 감정을 찾아 나만의 감정을 만들어보는 활동입니다. 그래서 오늘은 각자 만들었던 감정 신호등(사각형, 육각형)을 짝과 같이 보고, 내가 모르는 감정이나 흥미로운 감정이 있다면 새로운 나만의 감정을 만들어보려고 해요. 선생님은 수업이 잘 됐을 때 느끼는 감정을 만들어서, 그 감정에 '수업이 잘 되는 감정'이라고 이름을 지어줄 거예요.

활동 방법

1 활동지 첫 번째 줄에 내가 만든 감정 단어를 쓴다.

2 두 번째 줄에 그 감정이 언제 생기는지 적는다.

3 세 번째 줄에 2번 상황을 비주얼씽킹으로 표현한다.

4 돌아가면서 발표하며 공감한다.

🔵 이런 멘트로 마무리해요!

나만의 감정을 만들어보니 어떤가요? 친구가 만든 감정과 내가 만든 감정을 비교해 보면 비슷하면서도 조금 다르다는 것을 알게 됩니다. 이처럼 나만의 감정을 만들면서 내가 몰랐던 감정을 찾고, 감정에 대해 더 자세히 배울 수 있습니다.

☺ Tip

- 활동 전에 관련 그림책(도키 나쓰키, 《기분 가게》, 주니어김영사)을 읽고 시작하면 더 효과적이에요.
- 새로운 감정을 만들 때 다른 사람을 불쾌하게 하는 표현이나 특정 사람을 대상으로 하는 감정을 만들지 않도록 지도해요.
- 새로운 감정을 만드는 것이 어렵다면 친구의 감정 신호등(사각형, 육각형)을 참고하여 나에게 없는 감정을 적어도 좋아요.

1-9

감정 너도나도

활동 목표

아는 감정과 모르는 감정을 구분하기 위해 내가 모르지만 친구가 아는 감정,
내가 알지만 친구가 모르는 감정을 비교해 본다. 내가 아는 감정을 아는 친구
와 공감하고, 내가 모르는 감정을 친구에게 배우면서 감정의 다름을 배울 수
있다.

활동 준비물

학급용 감정 신호등(사각형, 육각형), 감정 너도나도 활동지

활동 준비와 설명

감정 너도나도 활동지와 학급용 감정 신호등(사각형, 육각형)을 준비한다.

⊙ 이런 멘트로 시작해요!

여러분은 모든 감정을 알고 있나요? 아는 감정과 모르는 감정을 구분하기 위
해 내가 모르지만 친구가 아는 감정, 내가 알지만 친구가 모르는 감정을 비교

해 보는 감정 너도나도 활동을 해보려고 합니다.

활동 방법

1 활동지를 나눠 준다.

2 학급용 감정 신호등(사각형, 육각형)을 참고하여 가장 공감되는 감정 8가지를 적는다.

3 순서를 정해 돌아가면서 자신이 적은 감정을 1가지씩 말한다.

4 같은 감정을 적은 사람은 손을 들고, 그 감정을 이야기한 사람과 손을 든 사람 모두 손을 든 사람 수만큼의 점수를 얻는다. 예를 들어 A 학생이 '즐거움'을 말했는데 B, C, D, E 학생이 같은 감정을 적어 손을 들었다면 총 5명이 같은 감정을 적었으므로 A, B, C, D, E 학생 모두 5점씩 얻는다.

5 모든 학생이 감정을 이야기할 때까지 돌아가면서 감정을 말하고, 활동이 끝나고 얻은 점수를 모두 더한다.

6 가장 높은 점수를 얻은 사람이 오늘의 감정왕이 된다.

이런 멘트로 마무리해요!

게임으로 아는 감정과 모르는 감정을 구분해 보니 어떤가요? 우리 반이 가장 많이 아는 감정은 무엇일까요? 우리가 모두 다른 사람인 것처럼 감정도 모두 다릅니다. 그래서 서로의 감정을 존중해야 할 필요가 있어요.

Tip

• 학급용 감정 신호등(사각형, 육각형)에 있는 감정만 적도록 안내해요.

- 학급 인원수가 20명 이상이면 10명씩 나눠서 하면 효과적이에요. 20명이 넘으면 활동 자체에 시간이 매우 오래 걸릴 수 있어요.
- 반 전체에서 같은 감정을 쓴 친구가 한 명도 없을 때는 '이 감정은 ○○이만 아는 특별한 감정이에요. ○○이 덕분에 우리가 새로운 감정을 배웠습니다.'라고 말하여 무안하지 않도록 배려하면 분위기를 부드럽게 만들 수 있어요.

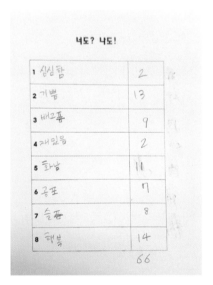

감정 경매

활동 목표

감정을 경매하면서 자신에게 중요한 감정이 무엇인지 알아차리는 활동이다. 가장 가치 있는 감정을 생각하고, 그 감정이 나에게 어느 정도 중요한지 경매를 통해 배우게 된다.

활동 준비물

감정 경매 활동지, 감정 비주얼씽킹 카드, 학급용 감정 신호등(사각형, 육각형)

활동 준비와 설명

1 감정 비주얼씽킹 카드를 학생 수의 3배 정도로 준비한다. 예를 들어 학생 수가 20명이라면 60여 장이 필요하다. 카드의 감정은 다양한 것이 좋지만 중복되어도 괜찮다.
2 활동지에 가진 돈을 10만 원으로 표기해 나누어 주고, 각자 경매에서 감정을 낙찰받은 금액을 차감하여 적도록 한다.

여러분은 경매라는 것을 알고 있나요? 경매란 물건을 구입할 때 서로 경쟁하여 더 비싼 값을 지불하는 사람이 그 물건을 갖게 되는 것을 말합니다. 여러분에게 소중한 감정은 무엇일까요? 앞에 보이는 감정 신호등(사각형, 육각형)이나 내가 알고 있는 감정 중 나에게 소중한 감정을 1위부터 3위까지 정해 보겠습니다. 여러분에게는 총 10만 원의 돈이 지급되고, 경매가는 1천 원에서 시작합니다. 10만 원을 모두 사용하게 되면 더 이상 경매에 참여하지 못합니다. 여러분의 소중한 감정을 구입해 보세요.

활동 방법

1 활동지를 받은 뒤 칠판에 게시된 학급용 감정 신호등(사각형, 육각형)을 참고하여 나에게 가장 소중한 감정 3가지의 순위를 결정해 활동지에 적는다.
2 교사가 감정 비주얼씽킹 카드를 하나씩 뽑으면서 경매를 시작한다. 1천 원부터 시작해서 10만 원을 모두 소진하면 경매에 더 이상 참여할 수 없다.
3 감정 비주얼씽킹 카드를 모두 소진하면 경매를 마무리한다.
4 처음에 적었던 소중한 감정 3가지와 경매를 통해 구입한 감정을 비교한다.

🔵 이런 멘트로 마무리해요!

경매를 통해 우리가 중요하게 생각하는 감정을 알아봤습니다. 처음에 여러분이 적은 감정 3가지와 실제로 내가 구입한 감정은 어떤 차이가 있었나요? 여러분에게 가장 가치 있는 감정이 무엇인지 알아보고, 그 감정을 느끼기 위해 노력해 봅시다.

☺ Tip

- 경매 시작가는 1천 원이고, 최대가는 10만 원이에요.

- 경매에서 구입하는 감정의 개수에는 제한이 없어요.

- 최대한 다양한 감정이 들어가게 카드를 준비하되, 긍정과 부정의 감정이 동일한 비율이 되도록 조절해요.

- 이 활동을 하면서 자신에게 '화'가 너무 중요하기 때문에 '화남'에 전 재산을 걸었던 친구가 있었어요. 이렇듯 사람마다 가치 있게 생각하는 감정이 다를 수 있음을 학생들에게 안내해 주세요.

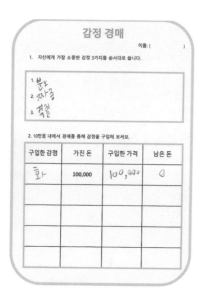

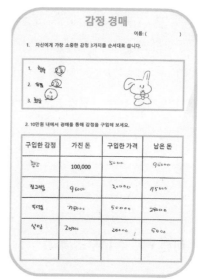

분노를 조절하고
평화로운 교실을 만드는
감정 표현 솔루션

2장
감정
받아들이기

자기감정이 무엇인지 잘 파악하고 있더라도 그 감정을 있는 그대로 인정하는 것은 쉽지 않다. 감정 수업의 첫 단계인 '인식'은 그리 어렵지 않지만, 두 번째 단계인 '수용'에서 많은 어려움을 겪는 이유다.

수업 시간에 학생이 떠드는 모습을 보았을 때 어떤 감정이 느껴지는가? 교사 입장에서는 분노, 슬픔, 무력감 등의 감정이 생길 것이다. 사실 교사는 그 학생이 내 수업이 재미없어서, 혹은 일부러 나를 골려주려고 한 행동이 아니라는 것을 이미 알고 있다. 그래서 감정을 조절하고 수업을 자연스럽게 이어가려고 하지만 학생의 행동은 교사의 감정을 계속 흔든다. 이는 결국 머리로는 아무 문제가 없다는 것을 아는데, 가슴으로 인정이 안 되어 불편한 감정의 골로 스스로를 몰아넣는 것이다.

배운 지식을 이해하는 것과 완전히 나의 것으로 만드는 것이 다른 것처럼, 감정에서도 내 감정이 무엇인지 알아차리는 것과 그 감정을 온전히 받아들이는 것은 전혀 다르며 후자가 더 힘든 과정이다. 그렇다면 감정 수업에서 가장 어려운 수용 단계를 효과적으로 배우기 위해서는 어떻게 해야 할까?

나의 감정을 온전히 수용하기 위해서는 먼저 다른 사람의 감정을 온전히 이해하고 받아들이는 공감 연습이 필요하다. 다른 사람의 감정에 공감하는 과정을 통해 감정이 주는 여러 울림을 가슴에서 충분히 수용해 볼 수 있고 이는 나의 감정을 온전히 받아들이는 데 큰 도움이 된다.

이번 장에서는 1장에서 배운 다양한 감정을 활용하여 다른 사람의 감정에 공감하는 연습을 해볼 것이다. 이 과정은 타인의 감정에 공감하기를 넘어 나의 감정에 공감하는 것을 목표로 삼고 있다. 더불어 감정으로 인해 생기는 문제의 해결 방법을 고민해 보는 시간을 가질 것이다.

공감으로 다가가기(공감 척도 활동)

활동 목표

다른 사람의 감정에 공감하는 것이 어색하고 어려운 학생들을 위해 공감을 경험할 수 있게 돕는다. 다른 사람의 감정에 공감하는 문장과 학생 스스로 경험해 본 공감 경험을 활동으로 공유하면서 공감을 다양한 척도로 나타내본다.

활동 준비물

학급용 감정 신호등(사각형, 육각형), 공감 문장, 포스트잇

활동 준비와 설명

1 공통적인 감정에 대한 학생들의 공감을 끌어내기 위해 학급용 감정 신호등(사각형, 육각형)을 미리 준비한다.

2 원활한 활동을 위해 학급용 감정 신호등(사각형, 육각형)의 감정 중 경험해 본 감정을 미리 생각해 오도록 한다.

3 책상 없이 의자만으로 원을 만들어 활동한다.

🔵 이런 멘트로 시작해요!

여러분은 다른 사람에게 감정을 공감받았거나 다른 사람의 감정을 공감해 본 적 있나요? 가족이나 친구들이 내 말에 관심을 갖고 재미있다고 말해 주면 어떤가요? 아마 더 재미있게 말하고 싶거나 그 사람과 친해지고 싶다고 느낄 것입니다. 또 학교에서 친구와 다퉜던 일을 말했을 때 부모님이 꼭 껴안아주시거나 슬픈 감정에 공감해 주신다면 슬프거나 화가 났던 마음이 조금이나마 해결되는 듯한 느낌이 들 것입니다. 반대로 내 말을 공감받지 못하면 어떻게 될까요? 나도 모르게 그 사람과의 거리가 생기는 것을 느낄 수 있습니다. 이렇듯 다른 사람의 감정에 공감하는 것은 그 사람에게 한 걸음 다가가는 것입니다. 이번 시간에는 공감으로 다가가기 활동을 해보려고 합니다.

활동 방법

• 연습 : 고개를 들어라

1 이 활동은 본격적인 공감 척도 활동 전, 교사가 학생이 공감할 수 있는 문장을 읽어주면서 마음의 준비를 하는 단계이다.

2 책상 없이 의자만으로 원을 만들고, 고개를 숙인다. (교사의 공감 문장에 공감했는지 정확하게 확인하기 위해 고개를 무릎에 붙일 듯이 깊숙이 숙이는 것이 효과적이다.)

3 교사가 공감 문장을 읽으면 공감되는 학생은 고개를 들고 함께 공감한 친구들을 확인한다. 이후 다시 고개를 숙이고 활동을 반복한다. (공감 문장 예시 : 1. 저학년용(감정 신호등 기반) - 나는 주말이 좋다. / 나는 벌레를 보면 놀란다. / 나는 놀림을 받으면 화가 난다. 2. 고학년용(감정 사각형 기반) - 나는 놀이를 할 때 즐

겁다. / 나는 친구와 싸우면 슬프다. / 나는 어두운 것이 무섭다. / 나는 하고 싶은 대로 안 되면 짜증이 난다. (감정 육각형 추가) 나는 벌레가 갑자기 날아오면 놀란다. / 나는 내 별명을 부르면 불쾌하다.)

• 공감으로 다가가기

1 학급용 감정 신호등(사각형, 육각형)을 참고하여, 최근에 경험했던 감정적으로 공감받았던 말이나 행동 1가지, 감정적으로 불편하게 만들었던 말이나 행동 1가지를 포스트잇에 적는다.

2 책상 없이 의자만으로 원을 만든 후 교사는 원 가운데에 선다. 학생들이 앉은 자리부터 교사가 서 있는 원의 중심까지의 거리를 가상으로 1/3이나 1/5로 나눈다. (가상으로 나눈 거리가 정확할 필요는 없다.)

3 활동 연습을 위해 교사가 원 가운데로 와서 공감 문장 중 1가지를 읽는다. 학생들은 가상으로 나눠놓은 척도를 바탕으로 의자에서 일어나, 교사의 공감 문장에 공감하는 만큼 교사에게 다가간다.

4 활동 연습이 끝나면 같은 방식으로 한 명씩 원 가운데로 와서 자신의 경험을 쓴 글을 읽고, 학생들은 공감하는 만큼 의자에서 일어나 경험을 발표한 학생에게 다가간다.

🔵 이런 멘트로 마무리해요!

나의 말에 친구들이 공감하며 다가올 때 기분이 어땠나요? 공감받고 있다고 느꼈나요? 우리는 다른 사람의 공감을 받으면, 감정적으로 편안해지는 것을 느낍니다. 내가 공감받은 것처럼 다른 친구들의 말에도 공감해 보세요.

☺ Tip

- 이 활동은 모든 감정에 공감하는 연습을 하는 활동이므로 부정적인 감정에도 공감해야 함을 안내해요.

- 학생들이 공감 문장을 자연스럽게 읽도록 교사가 먼저 시범을 보여주면 더 효과적이에요.

- 활동을 위해 공감받지 못했던 말을 포스트잇에 적을 때 선뜻 적기 어려워하는 학생이 있다면 "민감한 내용을 적기 어렵다면 적지 말고, 긍정적인 말만 적어도 됩니다."라고 안내해요.

- 한 학생이 발표한 "너만 없었으면 우리 반은 완벽했어."라는 문장에 많은 학생이 공감해 주어 그 학생의 표정이 조금이나마 밝아지는 것을 보았어요.

이렇듯 긍정적인 말과 더불어 부정적인 말에도 공감할 수 있다는 것을 배우는 기회로 삼을 수 있어요.

감정 마피아

활동 목표

긍정적인 감정을 표현하는 방법을 배우고 감정으로 생기는 표정, 말투, 행동 등을 자세하게 관찰할 수 있다. 긍정적인 감정을 연습하는 과정에서 학급의 분위기를 부드럽게 만들 수 있다.

활동 준비물

긍정적인 감정 카드(감정 신호등 중 초록색 영역, 감정 사각형/육각형의 기쁨 영역), 상자, 포스트잇

활동 준비와 설명

1 학급용 감정 신호등(사각형, 육각형)을 준비한다.
2 감정 신호등 중 초록색 영역, 감정 사각형(육각형) 중 기쁨 영역의 감정을 카드로 만들어 상자에 넣는다.

🙂 이런 멘트로 시작해요!

여러분, 마피아 게임을 해본 적 있나요? 이번 활동은 감정 마피아라는 활동으로 선생님이 뽑은 감정을 열심히 표현하면서 오늘 하루 동안 연습해 보는 것입니다. 하지만 선생님에게 뽑힌 마피아는 우리가 뽑은 감정과 다른 감정을 비밀 미션으로 받을 겁니다. 오늘의 마피아는 누구이고, 어떤 감정을 미션으로 받았는지 찾아보세요. 오늘 수업이 끝나면 누가 마피아였고, 어떤 감정이었는지 공개합니다. 수업이 끝나기 전에 마피아가 누군지 알았다고 해도 절대로 다른 친구에게 마피아가 누구인지 말하면 안 됩니다. 오늘 집에 가기 전에 마피아가 누구인지 적어 내면 정답을 공개하겠습니다.

활동 방법

1 교사는 감정 카드에서 행복한 우리 반을 만들기 위해 오늘 하루 동안 표현할 학급 감정을 뽑는다(예 : 즐거움).

2 모든 학생은 책상에 엎드린 뒤 눈을 감는다.

3 교사는 교실을 돌아다니다가 한 명(때에 따라 여러 명이어도 괜찮다)을 선택하고, "마피아는 고개를 들어 확인하세요."라고 말한 뒤 선택된 학생이 잠시 고개를 들게 한다.

4 마피아로 선택된 학생에게는 미션 감정을 준다(예 : 당황). 마피아가 오늘의 미션 감정을 확인했다면 "마피아는 고개를 숙입니다. ○월 ○일의 아침이 밝았습니다. 오늘의 학급 감정인 즐거움을 이용하여 즐거운 반을 만들어보겠습니다. 오늘 수업이 끝날 때까지 나와 다른 감정을 미션으로 받은 마피아를 찾아보세요."라고 말하며 게임을 시작한다.

이런 멘트로 마무리해요!

오늘 하루 동안 우리는 마피아를 찾으면서도 즐거운 감정을 표현하며 즐거운 우리 반을 만들기 위해 노력했습니다. 오늘처럼 긍정적인 감정을 표현하고, 그 감정에 공감하면 행복한 반을 만들 수 있습니다.

Tip

- TV나 칠판에 게시한 학급용 감정 신호등(사각형, 육각형)을 활용하여 미션 감정을 주면 더 쉬워요.
- 긍정적인 학급 분위기를 만들기 위해 학급 감정과 미션 감정은 긍정적인 감정 위주로 선정해요. 단, 난이도를 쉽게 하도록 부정적인 감정을 미션 감정으로 사용할 때는 평소 감정을 건강하게 표현하는 학생을 마피아로 선정하는 것이 좋아요.
- 학생들이 계속 마피아가 누구인지 서로 추궁하며 반 분위기가 저해될 것이 염려될 경우, 마피아를 찾은 사람은 쉬는 시간에 교사에게 와서 마피아가 누구인지 말하는 방법으로 융통성 있게 변형할 수 있어요.

감정 틀린 그림 찾기

활동 목표

표정, 행동 등 비언어적인 요소가 감정 공감에 미치는 영향을 이해하고, 다른 사람의 비언어적인 요소를 관찰하는 과정에서 공감하는 방법을 연습한다. 상대방이 감정을 표현할 때 사용한 표정, 행동 등이 변화된 부분을 찾으면서 상대방이 표현하는 감정을 더 자세하게 관찰할 수 있다.

활동 준비물

학급용 감정 신호등(사각형, 육각형)

활동 준비와 설명

1 교사는 학급용 감정 신호등(사각형, 육각형)을 칠판에 게시한다.
2 학생들은 자리에서 일어나 2명씩 1모둠을 만든다.

🔘 이런 멘트로 시작해요!

여러분, 틀린 그림 찾기를 해본 적 있나요? 틀린 그림을 찾으려면 그림을 아주

자세히 관찰해야 합니다. 그래서 이번 시간에는 다른 친구가 표현하는 행동에서 틀린 그림을 찾는 활동을 해보려고 합니다. 2명이 한 모둠이 되어서 선생님이 선택한 감정을 몸으로 표현합니다. 그리고 뒤로 돌아 30초의 시간 동안 행동이나 옷 등의 형태를 바꿉니다. 이후 다시 뒤로 돌아 상대방의 행동이나 옷 등에서 달라진 곳을 찾는 게임입니다.

활동 방법

• 1단계 : 같은 감정

1 교사가 칠판에 게시된 학급용 감정 신호등(사각형, 육각형)에서 감정 1가지를 선택한다.
2 학생들은 2인 1모둠이 되어 서로 마주 보고 교사가 선택한 감정을 행동으로 표현한다.
3 30초의 시간을 주고 뒤로 돌아 옷이나 행동, 표정 등에서 총 3가지 부분을 바꾼다.
4 30초 후 다시 뒤로 돌아 상대방에게서 변화된 부분을 찾는다.

• 2단계 : 다른 감정

1 학생별로 칠판에 게시된 학급용 감정 신호등(사각형, 육각형)에서 감정 1가지를 선택한다.
2 학생들은 2인 1모둠이 되어 서로 마주 보고 자신이 선택한 감정을 행동으로 표현한다.
3 30초의 시간을 주고 뒤로 돌아 옷이나, 행동, 표정 등에서 총 3가지 부분을

기쁨 변화 1

기쁨 변화 2

기쁨 변화 3

격분 변화 1

격분 변화 2

격분 변화 3

바꾼다.

4 30초 후 다시 뒤로 돌아 상대방에게서 변화된 부분을 찾는다.

5 상대방이 어떤 감정을 표현했는지 맞힌다.

🎯 이런 멘트로 마무리해요!

다른 사람의 변화를 알아차리기 쉬웠나요? 다른 사람의 행동과 표정의 변화를
관찰하면 감정을 더 잘 공감하게 되어 행복한 반을 만들 수 있습니다.

😊 Tip

• 너무 작은 부분을 변화시키면 바뀐 부분을 찾아내는 것이 어려워져요. 이
  활동의 목표가 상대방을 못 맞히게 하는 것이 아니라 상대방에게 감정을 더

정확하게 전달하는 것임을 안내해요.

• 이 활동은 〈2-4. 감정 파도〉 활동을 하기 전 연습으로 활용하면 효과적이에
요.

감정 파도

활동 목표

상대방의 비언어적 요소와 언어적 요소를 통해 감정에 공감하는 연습을 하면서 한 사람의 감정이 다른 사람에게 전달되고, 나아가 반 전체에 영향을 미칠 수도 있음을 배운다. 다른 사람이 감정을 느낄 때 어떻게 행동하고 말하는지 살펴보고, 다른 사람의 감정에 공감함으로써 평소 자신의 감정에 어떻게 공감하고 수용하고 있었는지 되돌아보는 시간을 갖는다.

활동 준비물

학급용 감정 신호등(사각형, 육각형), A4 용지

활동 준비와 설명

1 교사는 학급용 감정 신호등(사각형, 육각형)을 칠판에 게시한다.
2 학생들은 평소대로 앞을 보고 활동을 준비한다.

여러분, 바닷가에 가서 파도가 밀려오는 것을 본 적 있나요? 파도는 천천히 다가오는 것 같지만 어느 순간 빠르게 다가와 우리를 놀라게 하기도 합니다. 감정도 파도처럼 다른 사람에게 천천히 다가가는 것 같지만, 결국 나의 감정이 반 전체에 영향을 미치기도 합니다. 그래서 이번 시간에는 한 사람의 감정이 다른 사람에게 어떤 영향을 주는지 배워보려고 합니다.

활동 방법

• 감정 파도(행동형)

1 감정이 무엇인지 맞힐 지원자 A를 뽑고, 앞으로 나와서 TV를 등지고 서게 한다.

2 문제를 맞히는 A를 제외한 모두에게 학급용 감정 신호등(사각형, 육각형)에서 뽑은 감정 단어 1가지를 보여준다.

3 A를 제외한 학생들은 교사가 제시한 감정을 느낄 때 어떻게 반응하는지 몸으로 표현한다.

4 A는 친구들의 행동을 보고, 제시된 감정이 무엇인지 맞힌다.

• 감정 파도(스피드 퀴즈형)

1 4명을 1모둠으로 나눈다. 각 모둠에서는 A4 용지를 4등분한 뒤, 학급용 감정 신호등(사각형, 육각형)에서 감정을 골라 문제로 사용할 감정 카드 10장을 만든다. 완성한 감정 카드는 옆 모둠과 교환한다.

2 모둠별로 먼저 문제를 맞힐 사람을 선정해 의자에 앉히고, 다른 3명은 문제

를 내는 순서를 정해 문제를 맞히는 사람을 보고 선다. 교사나 다른 모둠의 지원자는 그 모둠이 가진 감정 카드를 들고, 문제를 맞히는 사람 뒤에 선다.

3 문제를 내는 첫 번째 사람은 감정 카드를 보고 말과 행동을 통해 해당 감정을 설명한다. 의자에 앉은 학생은 맞히기 어려운 경우 'PASS'를 외칠 수 있고, 문제를 맞히면 일어나 문제를 내는 줄 제일 뒤에 가서 선다. 방금 문제를 낸 사람이 의자에 앉아 다음 문제를 맞힌다.

4 주어진 시간 내에 가장 많은 감정을 맞힌 모둠이 오늘의 공감왕이 된다.

🔵 이런 멘트로 마무리해요!

우리는 같은 교실에서 생활하기 때문에 한 사람의 감정이 다른 사람들에게 많은 영향을 미칩니다. 그래서 감정을 말과 행동으로 건강하게 표현하는 것이 중요합니다.

😊 Tip

- 감정을 몸으로 표현할 때 상대방이 불편하게 생각하는 행동을 하지 않도록

안내해요.

- 문제를 맞히기 어려워하면 교사가 "비슷해." 혹은 "달라."라고 말하며 힌트를 줘요.
- 학급용 감정 신호등(사각형, 육각형)을 교실 앞에 게시하여 문제를 맞히는 사람이 보고 힌트를 얻을 수 있도록 해요.

공감 약속 만들기

활동 목표

다른 사람의 감정에 공감하는 연습을 한 후 공감하는 방법을 약속으로 만든다.
공감 약속을 만든 뒤에는 실제로 해보면서 연습한다.

활동 준비물

공감 질문, 4절지

활동 준비와 설명

1 공감 질문을 준비한다.

- 1단계 질문(기분이 좋은 것과 좋지 않은 것 2가지로 나눌 때) : "친구나 가족에게 기분 좋았던(나빴던) 일에 관해서 이야기를 했을 때 공감받았던 혹은 받지 못했던 기억이 있나요? 있다면 상대방은 어떻게 말하거나 행동했나요?"

- 2단계 질문(기본 감정 4가지로 활용 시) : "친구나 가족에게 기분 좋은(슬픈, 무서운, 화가 났던) 이야기를 했을 때 공감받았던 혹은 받지 못했던 기억이

있나요?"

2 공감 질문을 통해 미리 감정을 공감받지 못했거나, 공감받았던 상황에 대한 기억을 상기시킨다.

⦿ 이런 멘트로 시작해요!

친구에게 재미있는 이야기를 했는데 관심 없다는 반응을 들었을 때 어땠나요? 아니면 선생님에게 힘든 점을 이야기했는데 위로받았다면 어떨 것 같나요? 다른 사람의 감정에 공감하는 것은 우리 반 모두의 관계를 좋게 만드는 가장 쉬운 방법입니다. 그래서 이번 시간에는 다른 사람의 감정에 공감하는 약속을 만들어볼 예정입니다. 그래서 먼저 '거꾸로 하는 브레인스토밍'을 해보려고 해요. 거꾸로 하는 브레인스토밍이란 우리가 만들고자 하는 공감 약속에 반대되는 공감받지 못했던 말과 행동을 먼저 이야기해 본 뒤, 그 말과 행동을 반대로 바꾸어보는 활동입니다. 사람은 긍정적인 것보다 부정적인 것을 더 잘 기억하므로, 다른 사람에게서 공감받지 못했던 기억이 더 오래 기억에 남기 때문입니다.

활동 방법

1 가족이나 친구에게 공감받지 못했을 때 들었던 상대방의 말과 행동을 브레인스토밍한다.

2 상대방의 감정에 공감하는 말과 행동을 생각하며 브레인스토밍한 내용을 반대로 바꿔본다.

3 2명씩 짝을 지은 후 A가 먼저 최근에 가장 관심 있는 일 하나를 1분 동안 B에게 말한다. B는 앞에 적힌 공감 방법 중 마음에 드는 것을 1~2가지 골라

A의 말에 반응한다. 역할을 바꿔서 다시 1분간 진행한다.

4 다른 사람의 말에 공감하는 방법을 중복 투표하여, 가장 많은 표를 받은 공감 방법 3가지를 우리 반 공감 약속으로 정해서 게시한다.

🎯 이런 멘트로 마무리해요!

우리가 만든 공감 약속을 지킬 수 있나요? 다른 사람의 말에 공감하는 것은 연습하지 않으면 매우 어려운 일입니다. 오늘부터 교실 옆에 붙여놓을 테니, 공감해야 할 상황이 있을 때 참고해서 말해 봅시다. 조금씩 연습하면 다른 사람의 말에 공감하기 더 쉬워질 거예요.

😀 Tip

- 이 활동은 부정적인 상황을 먼저 브레인스토밍하는 활동이므로 감정적으로 격양된 부정적인 말과 행동이 나올 수 있으니 활동에 앞서 친구를 배려하는 말하기를 강조해요.
- 공감받지 못했던 상황이나 말과 행동을 말할 때, 실명을 거론하지 않고 들

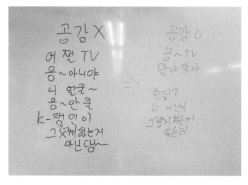
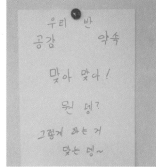

었던 말과 행동만을 말하도록 안내해요. (예 : ○○이가 '어쩌라고'라고 말했어요. → 힘들다고 말했는데 '어쩌라고'라는 말을 들었어요.) 나아가 학급에 다른 사람의 감정에 유독 공감하지 못하고 지속해서 친구를 놀리는 학생이 있으면 성토의 장이 될 수 있으므로 다른 학생의 이름이 거론되지 않도록 안내해요.

• 제시된 질문 목록을 모두 다 할 필요는 없고, 간단히 활동하고 싶다면 1단계 질문만 해요.

공감 앱 좀비 게임

활동 목표

공감 약속 활동에서 만든 감정 공감 방법 중 내가 가장 받고 싶은 공감 방법으로 나만의 공감 앱을 만든다. 이후 다른 친구와 앱을 공유하고, 서로가 받고 싶은 공감 방법을 활용해 공감하는 연습을 한다. 좀비 게임을 통해 공감의 말이 학생들 속에서 전파되는 경험을 할 수 있다.

활동 준비물

공감 약속, 공감 앱 활동지, 타이머

활동 준비와 설명

칠판에 공감 약속을 게시한다.

🗨 이런 멘트로 시작해요!

앱은 스마트폰에서 다양한 작업을 할 수 있게 도와주는 프로그램입니다. 그래서 우리는 쇼핑을 하거나, 길을 찾고, 다른 친구에게 메시지를 보낼 때 앱을 활용하고 있습니다. 다양한 작업을 할 수 있도록 도와주는 앱처럼 우리도 받고 싶은 공감 방법을 담은 앱을 만들어 서로에게 공감해 주는 활동을 해보겠습니다.

활동 방법

1 공감 앱 활동지를 나눠 준다.

2 칠판에 게시된 공감 약속을 참고하여 내가 받고 싶은 공감 방법을 4가지 선택한다.

3 받고 싶은 공감 방법을 활동지에 적고, 공감하는 방법을 비주얼씽킹으로 나타낸다.

4 활동지를 작성한 뒤 일반 시민과 좀비가 대결하는 게임을 시작한다.

5 학생 모두 눈을 감고 엎드리면 교사가 2~3명의 학생에게 조용히 다가가 어깨를 두드리거나 손등을 작게 톡톡 치는 등의 방법으로 최초 좀비로 임명되었음을 알린다. 최초 좀비가 된 학생은 티를 내지 않도록 조심한다. 최초 좀비들은 게임이 끝날 때까지 좀비의 신분이 그대로 유지된다.

6 학생 모두 눈을 뜨게 한 뒤 활동 시간이 3분 정도 될 것임을 안내하고, 타이머를 준비한다.

7 학생은 공감 앱 활동지를 들고 자리에서 일어나 친구 1명을 만나러 간다.

8 서로의 공감 앱을 보고 그중 1가지를 골라 공감의 반응을 말과 행동으로 표현한다.

9 공감 전달하기가 끝나면 서로 악수를 하는데, 이때 좀비는 빠르게 2번 연달아 악수를 하여 자신이 좀비임을 알린다. 좀비와 악수를 한 학생은 본인도 감염이 되어 좀비가 되며 새로운 친구를 만났을 때 빠르게 2번 연달아 악수

를 하여 좀비 바이러스를 계속 퍼뜨린다.

10 최초 좀비가 아닌 감염으로 좀비가 된 학생끼리 악수를 하게 된 경우, 두 학생 모두 바이러스가 치료되어 일반 시민이 된다. 물론 이후 다시 감염될 수 있다.

11 활동 시간이 끝나면 좀비가 된 사람의 수와 일반 시민의 수를 비교하여 승패를 가린다.

12 활동 후 감상을 짧게 나눈다. 학생들이 원할 경우, 2번 정도 같은 활동을 반복한다.

이런 멘트로 마무리해요!

여러분이 받고 싶은 공감의 말과 행동 중 1가지를 친구에게 들었을 때 어떤 생각이 들었나요? 내가 받고 싶은 공감의 말과 행동을 아는 것은 아주 중요합니다. 평소 내 감정을 공감받지 못한다고 느낀다면 친한 친구나 가족에게 이런 공감의 말과 행동을 가끔 해주면 좋겠다고 살짝 말해 보세요. 또 오늘 익혀본 공감하는 말과 행동을 여러분의 친구 또는 가족에게도 해보기를 추천해요. 머지않아 많은 사람이 여러분을 편안하고 따뜻한 사람으로 여기게 될 거예요.

☺ Tip

• 공감 약속을 참고하여 자기가 공감받고 싶은 말과 행동을 적도록 안내해요.

• 공감 앱은 기본 감정 4가지(기쁨, 슬픔, 두려움, 화남)를 기반으로 제작되어 있으므로, 학생 수준에 따라 개수를 변경해도 돼요.

• 공감 앱 활동지를 만들 때는 공감하는 말과 행동의 특징이 잘 드러나도록

비주얼씽킹으로 표현해요.

- 게임 요소에 치중한 나머지 악수만 하는 학생들이 있을 수 있으므로 '반드시' 공감 앱 활동지에 나온 공감의 말을 한 뒤에만 악수를 할 수 있음을 강조해요.
- 학생들이 마지막까지 본인이 좀비인 것이 유리한지 시민인 것이 유리한지 알 수 없기에 활동을 계속하는 것이 중요하다고 안내해요.
- 최초 좀비로 뽑힌 학생은 무조건 좀비를 많이 만들려고 하기 쉬워요. 그러면 쉽게 발각되므로 평소 동작이 크지 않은 학생을 뽑는 것이 전체적인 진행에 좋아요.
- 만일 최초 좀비 학생과 감염된 좀비 학생이 악수를 하게 된 경우, 최초 좀비 학생은 좀비로 남지만 감염된 좀비 학생은 일반 시민이 돼요.
- 좀비로 감염시키기 위해 공감 표현을 지나치게 큰 소리로 하거나 악수를 세게 하면 티가 많이 나므로 너무 과격하지 않게 표현하도록 안내해요.
- 악수를 세게 하면 상대방이 힘들고 아프다는 점을 주의시켜요.
- 공감 앱 활동지는 〈2-7. 감정 코드〉 활동에도 활용되므로 잘 보관해요.

 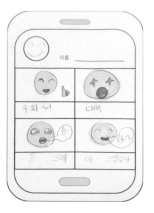

감정 코드

활동 목표

이 활동은 공감 앱 중에서 상대방이 받고 싶은 공감 방법을 맞히는 활동이다. 상대방이 받고 싶은 공감 방법을 찾기 위해 상대방의 표정과 행동을 관찰하는 과정에서 공감하는 방법을 배울 수 있다.

활동 준비물

공감 앱 활동지, 스티커

활동 준비와 설명

공감 앱 활동지를 준비하고, 한 사람당 스티커 5장(학생 수에 따라 조절)을 나눠 준다.

💬 이런 멘트로 시작해요!

여러분은 가족이나 친구가 받고 싶은 공감의 말과 행동이 무엇인지 알아차릴 수 있나요? 서로 대화를 많이 하거나 오랜 시간을 같이 있지 않는다면 서로가 원하는 공감의 말과 행동을 쉽게 알아차리기 어렵습니다. 그래서 오늘은 지난 시간에 만들었던 공감 앱 중 친구가 받고 싶은 공감 방법이 무엇인지 맞혀보는 시간을 가지려고 합니다. 우리 반 친구들은 어떤 공감의 말과 행동을 받고 싶어 할까요?

활동 방법

1 공감 앱 활동지에서 내가 받고 싶은 공감 방법을 1가지 선택한다. 공감 앱 활동지를 들고 친구 1명을 만나러 간다.

2 친구에게 1분 동안 최근에 내가 가장 흥미를 갖고 있는 내용을 설명한다. 설명을 들은 친구는 말한 친구가 받고 싶어 하는 공감 방법을 예상하여 친구의 말에 공감한다.

3 친구가 내가 선택한 공감 방법으로 공감을 했다면 친구의 손등에 스티커를 붙여준다.

4 교사는 2분 정도 시간을 준 뒤 다른 친구를 찾아가도록 안내한다. 이후 똑같은 방법으로 활동을 계속한다.

5 활동이 끝나고 손등에 가장 많은 스티커가 붙어 있는 학생이 오늘의 공감왕이 된다.

이런 멘트로 마무리해요!

친구가 바라는 공감 방법을 표현해서 서로의 감정 코드를 맞히는 활동을 해보니 어땠나요? 친구가 바라는 공감 방법을 알아차리기 쉬웠나요? 사람마다 바라는 공감의 방법은 다양합니다. 그래서 대화할 때 상대방의 말과 표정, 행동을 관찰하는 것이 중요합니다.

☺ Tip

- 활동 중에 신나는 노래를 틀어놓고 진행하면 더 효과적이에요.
- 공감 약속을 교실 앞에 붙여놓으면 친구가 원하는 공감 방법을 맞히기 더 쉬워질 수 있어요.

공감의 길

활동 목표

다른 사람의 감정에 공감하는 것을 넘어, 듣고 싶은 공감의 말을 들으면서 자신의 감정을 온전히 수용하는 경험을 한다.

활동 준비물

도입 질문, 학급용 감정 신호등(사각형, 육각형), 공감 약속, 공감 앱 활동지, 공감의 길 활동지

활동 준비와 설명

학급용 감정 신호등(사각형, 육각형)과 공감 약속을 칠판에 게시하고, 공감 앱 활동지와 공감의 길 활동지를 준비한다.

🎧 이런 멘트로 시작해요!

여러분은 가족이나 친구에게 화를 낸 뒤 '내가 그때 왜 그 사람에게 화를 냈을까?'라는 생각을 해본 적 있나요? 감정이란 파도와 같아서 갑자기 우리 마음에

들어옵니다. 그래서 내가 느끼는 감정임에도 그 감정이 무엇인지 정확하게 모를 수 있고, 무슨 감정인지 알아도 쉽게 받아들이기 어렵습니다. 그래서 우리가 느끼는 감정을 온전히 받아들이는 연습을 해야 합니다. 오늘은 공감의 길을 만들어서 내 감정이 현재 어떤지 받아들이는 연습을 해보려고 합니다. 지금부터 선생님이 하는 질문을 잘 듣고 내 감정을 느껴보겠습니다.

활동 방법

1 교사는 도입 질문("여러분은 최근에 언제 가장 기뻤나요/슬펐나요/무서웠나요/화가 났었나요? 그때 주위 사람들은 어떻게 반응했나요? 그래서 나는 어떻게 반응했나요?") 중 1~2가지를 선택해서 읽는다. 학생들은 눈을 감고 자기 경험을 떠올려 공감의 길 활동지에 적는다. 그리고 그때 어떤 감정이 느껴졌는지 학급용 감정 신호등(사각형, 육각형)을 참고하여 그 밑에 적는다.

2 그 당시 내가 가장 받고 싶었던 공감의 말과 행동을 공감 약속과 공감 앱을 참고하여 감정 밑에 적는다. 그리고 제일 밑에 감정을 온전히 받아들이는 문장을 작성한다.

3 교사가 감정을 받아들이는 문장을 먼저 읽고 시범을 보인다.

4 공감받고 싶은 지원자 1명을 뽑는다. 지원자를 제외한 학생들은 2줄로 서로 마주 보고 서서 길을 만든다.

5 지원자는 길 끝에 서서 본인이 받고 싶은 공감의 말과 행동을 읽는다.

6 지원자를 제외한 학생들은 지원자가 받고 싶은 공감의 말과 행동을 하고, 지원자는 길을 따라서 천천히 걸어간다. 교사는 "공감의 길을 걸으며 그 당시 느꼈던 감정이 무엇이었는지 느껴보고, 공감의 말과 행동을 들으며 그 감정을 온전히 받아들여봅시다."라고 말해 준다.

7 지원자는 공감의 길을 끝까지 걸어간 뒤, 활동지에 적은 그 감정이 일어났던 이유와 감정을 온전히 받아들이는 문장을 말한다. (예 : 나는 ○○해서, 화가 났었어.)

8 활동을 마친 뒤, 감정을 온전히 받아들이는 문장을 말한 것이 어떤 영향을 주었는지 이야기한다.

〇 이런 멘트로 마무리해요!

친구들이 말해 주는 공감의 말은 어땠나요? 우리는 힘든 일이 있을 때 타인의 공감을 받아 힘든 일을 이겨내고 싶어 합니다. 나아가 감정적으로 편안해지려면 내 감정을 받아들이고 인정하려는 노력이 필요합니다. 나에게 주는 공감을 통해 감정을 받아들여, 불편한 마음을 이겨내보는 것은 어떨까요?

☺ Tip

- 도입 질문을 듣고 자신의 경험을 적을 때는 다른 사람의 실명을 적지 않도록 안내해요.

- 내가 받고 싶은 공감의 말을 다른 사람에게 말하기 어려워하는 학생이 있다면 마음속으로 공감의 문장을 읽게 해요. 이때 공감의 길을 만든 학생들은 공감 약속에 있는 문장 중 하나를 선택해서 읽어요.

- 이 활동은 부정적인 감정에 대한 경험을 공유하는 용기가 필요한 일이므로, 감정을 받아들이는 문장을 학생이 말하기 어려워하면 대신 읽어줘도 되는지 허락을 구하고 교사가 읽어요.

- 이 활동은 자기감정을 온전히 받아들이는 활동이기 때문에 타인의 감정으

로 인해 상처를 많이 받고 감정 조절이 쉽지 않은 교사들도 활용할 수 있어요. 활동지에 그 당시 있었던 일, 그때의 내 감정, 내가 받고 싶은 공감의 말과 행동, 감정을 받아들이는 문장을 적어요. 내가 받고 싶은 공감의 말과 행동을 자기 스스로에게 하고, 감정을 받아들이는 문장을 소리 내서 읽은 뒤 나에게 일어난 변화를 관찰해요. 말은 생각하게 하는 힘이 있어 자기 스스로에게 하는 공감 활동도 큰 효과를 보일 수 있어요.

그 당시 있었던 일 (A)	반 배정 실패함
그때 내 감정 (B)	속상함,슬픔
내가 받고 싶은 공감의 말과 행동 (C)	괜찮아 과거일 뿐이야.
감정을 받아들이는 문장	A 반 배정을 실패 해서 나는 B 속상함 을 느꼈어. C 괜찮아 과거일 뿐이야

그 당시 있었던 일 (A)	가족들과 여행을가려고 짐을 쌈
그때 내 감정 (B)	실렘반 걱정반
내가 받고 싶은 공감의 말과 행동 (C)	가족과 함께 여행을 가니 좋겠다. 여행가서 아무사고 없이 돌아오길 바래!
감정을 받아들이는 문장	A가족들과 여행을 가려고 짐을 싸서 나는 B 설렘과 걱정 을 느꼈어. C가족과 함께 여행을 가니 좋겠다. 여행가서 사고없이 돌아오길 바래.

그 당시 있었던 일 (A)	동생이랑 싸웠을 때
그때 내 감정 (B)	억울함
내가 받고 싶은 공감의 말과 행동 (C)	동생이 너를 화나게 했더라도 동생을 너한테 미안하게 할 거야
감정을 받아들이는 문장	A 동생이랑 싸워서 나는 B 억울함 을 느꼈어. C 동생은 너한테 미안으로 미안 하게 할 거야.

그 당시 있었던 일 (A)	엄마한테 혼났다.
그때 내 감정 (B)	슬픔
내가 받고 싶은 공감의 말과 행동 (C)	그럴수도 있지. 사람은 실수할수 있지.
감정을 받아들이는 문장	A 엄마한테 혼나 서 나는 B 슬픔 을 느꼈어. C괜찮아 혼자 감정을 흡수했어.

143

3장

감정
표현하기

우리는 따로 배우거나 의식하지 않고도 매일 감정을 표현하며 살아가고 있다. 그런데 감정을 표현하는 나의 방식은 건강한가? 혹시 나의 행동으로 인해서 다른 사람에게 상처를 주거나 갈등이 일어난 적은 없는가? 인간은 감정을 가진 동물이기에 똑같은 상황이라도 감정에 따라 다른 반응(행동)을 한다.

수업 시간에 뜬금없이 수업과 관련 없는 질문을 하는 학생을 만날 때가 종종 있다. 수업에 여유가 있고, 주제가 흥미롭거나 교사의 감정이 평온한 상태라면 웃으면서 다음에 이야기하도록 안내할 것이다. 또는 수업을 잠시 멈추고 그 이야기를 들어준 뒤 수업과의 연관성을 같이 이야기해 볼 수도 있다. 하지만 수업에 여유가 없거나 교사의 감정이 불안정하다면 어떤 반응이 나올까? 아마 같은 말이라도 곱게 나오기 쉽지 않을 것이다.

이제 앞서 배운 감정이 무엇인지 알아차리고, 그 감정을 온전히 받아들이는 활동에서 나아가 감정을 건강하게 표현하는 방법을 배울 차례이다. 감정을 표현할 때는 언어적 표현에 못지않게 시각적인 요소(표정, 제스처 등)인 비언어적인 표현도 중요하다. 따라서 주의를 기울여 적절하게 표현하는 방법을 익혀야 한다.

이번 단계의 수업에서는 비언어적인 표현(표정, 행동)의 중요성을 깨닫고, 다른 학생들의 비언어적인 표현을 관찰해 보며 각 상황에 맞는 적절한 표현은 무엇인가를 배우게 될 것이다. 감정을 표현하기 위해 자신이 평소 쓰고 있던 비언어적인 표현에 대해 공유하고 이를 언어(말, 글)로 어떻게 표현해야 할지 연습해 보며 비언어적인 표현과 언어적 표현의 조화를 꾀할 수 있도록 구성하였다.

감정 레벨업 가위바위보

활동 목표

비슷한 감정이라도 강도에 따라 몸으로 표현하는 방법이 다르다는 것을 배운다. 감정 신호등(사각형, 육각형)을 통해 정리한 감정을 몸으로 표현해 보면서 감정 표현을 연습한다.

활동 준비물

학급용 감정 신호등(사각형, 육각형)

활동 준비와 설명

학급용 감정 신호등(사각형, 육각형)을 준비한다.

🔘 이런 멘트로 시작해요!

오늘은 감정을 표현하는 방법을 레벨업 가위바위보를 통해서 배울 예정입니다. 설렘과 즐거움, 행복은 모두 기쁨과 비슷한 감정이지만 설레거나 즐거울 때 몸으로 표현하는 방식은 다릅니다. 설렐 때는 어떻게 행동할까요? 즐거울 때는 어떻게 행동할까요? 감정마다 다른 표현 방식을 레벨업 가위바위보를 통해 배워보겠습니다.

활동 방법

1 학급용 감정 신호등(사각형, 육각형)에서 기본 감정 1가지를 선택한다(예 : 기쁨).

2 1번에서 정한 기본 감정(기쁨)의 1~5단계의 감정(예 : 설렘 → 신남 → 성취감 → 즐거움 → 행복)을 몸으로 표현하는 방식을 학생들과 함께 정한다.

1단계 : 설렘

2단계 : 신남

3단계 : 성취감

4단계 : 즐거움

5단계 : 행복

3 교사의 신호에 맞춰 학생들은 가장 약한 감정인 '1단계(설렘)'를 몸으로 표현하면서 가장 가까운 사람과 가위바위보를 한다. 이긴 사람은 바로 한 단계 위의 감정인 '2단계(신남)'를 몸으로 표현한다. 진 사람은 계속해서 '설렘'을 몸으로 표현하면서 같은 감정을 표현하는 사람을 찾아 가위바위보를 한다.

4 같은 단계의 사람들끼리 가위바위보를 해서 이기면 다음 단계로 올라가고, 지면 다시 1단계로 돌아간다.

5 동일한 방식으로 가위바위보를 해서 '4단계(즐거움)'에 도착하게 되면 교사 앞으로 간다. 교사는 최종 단계인 '행복'을 몸으로 표현하면서 '즐거움'을 표현하는 학생과 가위바위보를 한다. 교사를 이긴 학생은 표현왕이 되어 '행복'을 몸으로 표현하며 다음 도전자를 기다린다.

6 표현왕은 다음 도전자(4단계)를 만나 가위바위보를 한다. 도전자가 이기면 또 다른 표현왕이 되고, 지면 1단계로 돌아간다. 표현왕은 도전자와의 대결에서 져도 계속 표현왕으로 남는다. 여러 명의 표현왕이 생길 수 있으며 도전자는 이들 중 한 명을 선택하여 가위바위보를 할 수 있다.

7 활동이 끝난 뒤 표현왕이 누구인지 전체 학생들과 함께 확인한다.

🔵 이런 멘트로 마무리해요!

가위바위보를 통해 단계별로 감정을 표현하는 활동이 재미있었나요? 이처럼 비슷한 감정이라도 표현하는 방법은 조금씩 다르답니다.

☺ Tip

- 가위바위보는 같은 단계의 사람과 해야 하고, 이기면 다음 단계로 올라가고 지면 1단계로 돌아감을 안내해요.
- 처음 4단계에 도착한 학생은 앞으로 나와 교사에게 도전해요. 학생이 이기면 교사 대신 5단계를 표현하고, 지면 다시 1단계로 돌아가요.
- 이 게임을 하는 중에는 자기의 단계에 맞는 감정 표현을 계속 반복하여, 자신이 현재 어떤 단계에 있는지 알려야 해요.
- 학생들은 교사와 함께 게임을 하는 것을 매우 좋아해요. 처음 5단계만이라도 교사가 참가하여 학생들과 함께 활동하면 게임을 더 즐겁게 진행할 수 있어요. 교사가 졌을 때 다시 1단계로 가서 활동에 참가하면 게임이 더 재미있어지겠지요. 또한 교사가 몸 동작을 더 크고 확실하게 보여주고 가위바위보에 열심히 참여하면 학생들의 승부욕을 자극하여 더 신나게 활동할 수 있어요.

감정 연극

활동 목표

감정을 몸으로 표현하는 방법을 배우고, 그 감정이 어떤 감정인지 맞혀보면서 공감하는 연습을 한다. 또한 표정과 행동을 통해 상대가 어떤 감정을 느끼는지 유추하는 것이 어려움을 배운다.

활동 준비물

학급용 감정 신호등(사각형, 육각형)

활동 준비와 설명

1 학급용 감정 신호등(사각형, 육각형)을 칠판에 게시한다.
2 4명 기준으로 모둠을 나눈다.

🔵 이런 멘트로 시작해요!

오늘은 몸으로 감정을 상대에게 전달하는 활동을 해보려고 합니다. 다른 사람의 행동이나 얼굴 표정 등을 볼 때 그 사람의 감정이 무엇인지 맞힐 수 있을까요? 먼저 아래 사진을 보겠습니다. 첫 번째 사진을 봤을 때 어떤 감정이라고 느꼈나요?

어떤 표정인가요? 찡그린 표정인가요?

콜라를 마시며 음미하는 표정

어떤가요? 여러분들이 생각했던 감정과 같나요? 맞습니다. 얼굴 표정을 통해 우리가 판단하는 감정은 실제 그 사람의 감정과 다를 수 있습니다. 그래서 우리는 상대방의 감정을 표정이나 행동에서 유추하는 것을 주의해야 합니다.

활동 방법

• 연습 게임

1 지원자 1~2명을 뽑아 교실 앞으로 초대
   한다. 감정을 표현하는 것을 어색해하면
   교사가 시범을 보여주는 것이 좋다.

2 지원자에게 감정 1가지를 몰래 보여준다.

3 지원자는 그 감정을 몸으로 표현하고, 다
   른 학생들은 그 감정이 어떤 감정인지 맞힌다. 감정을 맞힐 때는 칠판에 게
   시된 학급용 감정 신호등(사각형, 육각형)을 참고한다.

• 모둠 게임

1 모둠별로 다른 모둠이 모르게 감정 1가지
   를 선택한다.

2 모둠원들끼리 그 감정을 표현하는 장면이
   되도록 행동하기를 약속한다. 이때 서로
   말을 해서는 안 된다.

3 한 모둠씩 앞으로 나와서 주어진 감정을 한 장면의 연극으로 표현한다.

4 어떤 감정인지 맞힌 모둠 수만큼 표현한 모둠이 점수를 얻는다.

5 가장 많은 점수를 얻은 모둠이 오늘의 표현왕이 된다.

🙂 이런 멘트로 마무리해요!

친구가 표정과 행동으로 표현하는 감정을 맞히기 쉬웠나요? 표정과 행동만으

로 상대의 감정을 완벽하게 맞히는 것은 어려운 일입니다. 그래서 우리는 상대 방의 표정과 행동을 보고 감정을 예측하지 말고, 현재 기분이 어떤지 물어봐야 합니다.

☺ Tip

- 상대방을 불편하게 하는 행동은 하지 않도록 안내해요.
- 모둠별로 연극 상황을 만들 때, 모든 모둠원이 참여할 수 있도록 안내해요.
- 많은 모둠이 맞혀야 점수를 더 얻을 수 있으므로, 어떻게 하면 감정을 잘 나타낼 수 있는가에 초점을 맞춰요.
- 이 활동은 〈3-3. 감정 진진가〉 활동 전에 하면 효과적이에요.

3-3

감정 진진가

활동 목표

감정을 표현하는 데 가장 많은 영향을 미치는 비언어적인 표현(표정, 행동)의 중요성을 배우기 위한 활동이다. 이를 통해 감정 표현 방법은 매우 복잡하고 다양하며, 비슷한 감정이라도 표현 방법이 다르다는 것을 배울 수 있다.

활동 준비물

감정 사진(그림), 학급용 감정 신호등(사각형, 육각형), 개인 점수판

활동 준비와 설명

1 4명씩 1모둠을 만든다.
2 칠판에 학급용 감정 신호등(사각형, 육각형)을 게시한다.
3 개인 점수판을 1개씩 나눠 준다.

🙂 이런 멘트로 시작해요!

(교사는 1~2가지 정도의 감정 사진이나 그림을 보여준다.) 이 그림 속의 사람은 어떤

감정을 느끼고 있을까요? (학생들의 대답을 듣는다. 예를 들어 그림의 정답은 '놀람'이다.) 이 그림 속의 사람은 길을 가다가 차가 갑자기 앞에 나타나서 놀란 표정을 보여주고 있습니다. 여러분은 다른 사람의 표정이나 행동을 보고, 그 사람이 어떤 감정을 표현하고 있는지 알 수 있나요? (정답이 없는 질문으로 학생들의 다양한 대답을 듣는다.) 오늘은 감정 표현에 많은 영향을 미치는 비언어적인 표현(표정, 행동)의 중요성을 배우는 감정 진진가 활동을 해보려고 해요.

활동 방법

• 1단계 : 전혀 다른 감정을 찾아라

1 문제를 낼 모둠을 선정한다. 문제를 낼 모둠은 칠판에 게시된 학급용 감정 신호등(사각형, 육각형)의 기본 감정을 바탕으로 브레인스토밍한 감정 중 다른 영역의 감정 2가지를 선택한다. (예 : 기본 감정인 기쁨 영역에서의 즐거움, 기본 감정인 두려움 영역에서의 공포)

2 문제를 내는 모둠은 서로 상의하여 3명과 1명으로 나눠 각각 하나씩 감정을 선택한다. (예 : 3명은 즐거움, 1명은 공포)

3 문제를 내는 모둠은 앞으로 나와 동시에 자신이 선택한 감정을 말없이 표정과 몸짓으로 표현한다.

4 다른 모둠의 학생들은 다른 감정을 표현하는 친구가 누구인지 손으로 가리킨다.

5 다른 감정을 표현한 친구가 누구인지 맞힌 사람은 개인 점수 2점을 얻고, 문제를 낸 모둠은 맞힌 사람 1명당 1점씩 모둠 점수를 얻는다.

6 모둠별로 돌아가면서 문제를 내고, 활동이 끝난 뒤 모둠원의 개인 점수와

모둠 점수를 모두 더해 점수가 가장 높은 모둠이 오늘의 표현왕이 된다.

모둠원 A: 즐거움

모둠원 B: 즐거움

모둠원 C: 즐거움

모둠원 D: 공포

• 2단계 : 비슷하지만 다른 감정을 찾아라

1 문제를 낼 모둠을 선정한다. 문제를 낼 모둠은 칠판에 게시된 학급용 감정 신호등(사각형, 육각형)의 기본 감정을 바탕으로 브레인스토밍한 감정 중 같은 영역의 감정 2가지를 선택한다. (예 : 기본 감정인 슬픔 영역에서의 실망과 울분)

2 문제를 내는 모둠은 서로 상의하여 3명과 1명으로 나눠 각각 하나씩 감정을 선택한다. (예 : 3명은 실망, 1명은 울분)

3 문제를 내는 모둠은 앞으로 나와 동시에 자신이 선택한 감정을 말없이 표정

과 몸짓으로 표현한다.

4 다른 모둠의 학생들은 다른 감정을 표현하는 친구가 누구인지 손으로 가리킨다.

5 다른 감정을 표현한 친구가 누구인지 맞힌 사람은 개인 점수 2점을 얻고, 문제를 낸 모둠은 맞힌 사람 1명당 1점씩 모둠 점수를 얻는다.

6 모둠별로 돌아가면서 문제를 내고, 활동이 끝난 뒤 모둠원의 개인 점수와 모둠 점수를 모두 더해 점수가 가장 높은 모둠이 오늘의 표현왕이 된다.

모둠원 A: 실망

모둠원 B: 실망

모둠원 C: 실망

모둠원 D: 울분

🎯 이런 멘트로 마무리해요!

같은 듯 다른 듯, 서로 다른 감정을 구분하기 쉬웠나요? 다른 사람에게 감정을 표현할 때, 표정과 행동이 미치는 영향은 매우 큽니다. 그래서 다른 사람이 오해하지 않도록 표정과 행동에 주의하면서 말해야 합니다.

😊 Tip

- 이 활동을 하기 전에 〈3-2. 감정 연극〉 활동을 먼저 하면 더 쉽게 참여할 수 있어요.
- 다른 사람에게 불편함을 주는 행동이나 표정은 하지 않도록 지도해요.

- 감정을 맞히면 문제를 낸 모둠이 점수를 얻는 게임이다 보니 일부러 문제를 틀리려는 학생이 있어요. 그래서 감정을 맞힐 때마다 개인별로 점수를 얻을 수 있도록 하여 동기를 부여하면 더 효과적이에요. 모둠 점수는 1명이 맞힐 때마다 1점이지만, 본인이 맞힐 때 얻는 개인 점수는 2점이므로 더 많이 맞히려고 해요.

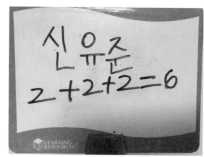

개인 점수판	모둠 + 개인 합산 점수

	모둠 점수(점)	개인점수(2점)	총점
1모둠	6	16	22
2모둠	12	26	38 1위
3모둠	9	22	31
4모둠	2	20	22
5모둠	4	22	26

- 모둠 간의 심한 경쟁으로 인해 활동 목표 달성이 어려울 수도 있어요. 이럴 경우 공동 목표(예 : 학급의 개인 점수를 모두 더해 ○○점)를 설정하면 지나친 경쟁을 지양하고 활동 목표에 집중할 수 있어요.

감정 열차

활동 목표

다른 사람이 신체를 활용해 비언어적인 방법으로 표현한 감정을 자세히 관찰하고 어떤 감정인지 공감하여 맞힌다. 이 활동을 통해 감정 공감에서 비언어적인 요소가 미치는 영향이 크다는 것과 더불어 반대로 비언어적인 요소만으로 감정을 공감하는 것이 어려움을 동시에 배울 수 있다.

활동 준비물

학급용 감정 신호등(사각형, 육각형)

활동 준비와 설명

교사는 학급용 감정 신호등(사각형, 육각형)을 칠판에 게시한다.

⭕ **이런 멘트로 시작해요!**

여러분은 다른 사람의 행동이나 표정을 보고 그 사람이 어떤 감정인지 알 수 있나요? 어느 정도는 알 수 있어도 정확하게 알기는 어려울 것입니다. 오늘은 친구가 표현한 감정을 몸으로 전달하는 기차가 되어 문제를 맞히는 감정 열차 게임을 해보도록 하겠습니다.

활동 방법

1 모둠원이 모두 일어나 앞사람의 뒷머리를 보도록 일렬로 선다.
2 교사는 첫 번째 학생에게 학급용 감정 신호등(사각형, 육각형) 중 1가지 감정 을 선택해서 알려준다.
3 첫 번째 학생은 두 번째 학생의 어깨를 두드려 뒤를 돌아보게 하고 해당 감 정을 몸으로 설명한다.
4 두 번째 학생도 세 번째 학생을 부른 뒤, 첫 번째 학생이 설명한 감정을 전 달한다.
5 동일한 방법으로 반복한 뒤 마지막 학생은 이 감정이 어떤 감정인지 맞 힌다.

🙂 이런 멘트로 마무리해요!

오늘은 상대방이 몸으로 표현하는 감정을 공감하고, 다시 몸으로 표현하는 활 동을 해봤습니다. 다른 사람이 몸으로 표현한 것이 어떤 감정인지 맞히기 쉬 웠나요? 이처럼 말없이 행동만으로 감정을 표현하게 되면 상대방이 내 감정을 오해하게 되어 사이가 안 좋아질 수 있다는 것을 알아야 합니다.

🙂 Tip

• 몸으로 설명할 때 상대방이 불편해하는 행동을 하지 않도록 미리 안내해요.

- 어깨를 두드릴 때 세게 두드리는 학생이 있을 수 있으니 미리 주의하도록 지도해요.
- 모둠 간 경쟁이 부담스럽다면 시간 제한을 없애고 모든 감정을 맞힐 때까지 해도 좋아요. 단, 이때는 자칫 활동에 너무 많은 시간이 걸릴 수 있으므로 감정 카드를 많이 주지 않도록 해요.
- 〈1-6. 감정 비주얼씽킹 카드 만들기〉 활동을 했다면, 모둠별로 똑같은 숫자의 감정 비주얼씽킹 카드를 나눠 주고 정해진 시간 내에 얼마나 많은 감정을 맞히는지 게임을 하면 더 재미있어요.
- 모둠 간의 심한 경쟁으로 인해 활동 목표 달성이 어려울 수도 있어요. 이럴 경우 공동 목표(예 : 학급의 개인 점수를 모두 더해 ○○점)를 설정하면 지나친 경쟁을 지양하고 활동 목표에 집중할 수 있어요.

3-5

감정 탐정 게임

활동 목표

감정 표현에서 비언어적인 요소의 중요성과 더불어 비언어적인 요소만으로는 감정을 정확하게 표현하는 것이 어려움을 배울 수 있다. 다양한 감정을 몸과 말로 표현하고 맞혀보면서 감정에 공감하고 표현하는 방법을 배울 수 있다.

활동 준비물

학급용 감정 신호등(사각형, 육각형), 감정 비주얼씽킹 카드

활동 준비와 설명

1 학급용 감정 신호등(사각형, 육각형)을 칠판에 게시한다. 문제이자 정답이 되므로 가리지 않는다.
2 감정 비주얼씽킹 카드를 나눠 준다.

행복	실망	절망한	경악
학교 안갈때	택배가 배송지연 됐을때	내일 개학인데 숙제 안했을때	방에서 벌레를 봤는데 휴지가져와서 잡으려고 보니깐 벌 죽어서
언짢은	징그러운	신남	우울함
친구가 약속 있었는데 친구가 같이 못만나서 힘들때	친구 배꼽 봤을때	친구랑 놀때	비 올때

비주얼씽킹 카드 예시

🔵 이런 멘트로 시작해요!

오늘은 친구가 말과 몸으로 표현하는 감정이 무엇인지 맞히는 감정 탐정 게임을 해보려고 합니다. 범인이 흔적을 남기듯 감정을 말과 몸으로 표현하고, 탐정이 추리하듯이 친구가 표현하는 감정을 맞히면서 감정 탐정이 되어보세요.

활동 방법

• **다른 사람에게 내가 가진 카드의 감정을 설명하여 맞히게 하는 게임**

1 4명씩 1모둠을 만들고, 모둠이 만든 감정 비주얼씽킹 카드를 모아 섞은 뒤 카드 전체를 다른 모둠과 교환한다.

2 감정 카드 더미에서 각자 2장씩 나눠 갖는다.

3 문제를 내는 사람이 2장의 감정 카드 중 1장을 뒤집어 가운데에 내려놓고,

몸으로 그 감정을 설명하면 게임이 시작된다. 말없이 몸으로 설명하는 1단계에서는 정답을 맞히는 기회는 1번뿐이다.

4 2단계는 감정이 드는 때를 말로 설명하는 방법으로, 정답을 맞힐 때까지 문제를 낸 사람의 왼쪽 사람부터 순서대로 돌아가면서 문제를 맞힌다.

5 감정을 설명하는 것이 어려운 학생은 카드의 내용을 참고해서 설명하게 한다.

6 답을 맞힌 사람이 감정 카드를 가져가고, 가장 많은 카드를 가져간 사람이 감정 탐정이 된다.

감정 설명을 시작하는 방법

모둠원 A : 감정을 설명하는 방법(놀람)

· 다른 사람의 설명을 듣고, 내가 가진 카드의 감정을 맞히는 게임

1 4명씩 1모둠을 만들고, 모둠이 만든 감정 카드를 모아 섞은 뒤 카드 전체를 다른 모둠과 교환한다.

2 감정 카드 더미에서 각자 2장씩 나눠 갖는다.

3 처음 문제를 맞히는 사람이 2장의 감정 카드 중 한 장을 들어 본인의 귀 옆에 대고, 왼쪽 사람부터 그 카드를 보고 몸으로 그 감정을 설명하면 게임이 시작된다. 말없이 몸으로 설명하는 1단계에서는 정답을 맞히는 기회는 1번

뿐이다.

4 2단계는 감정이 드는 때를 말로 설명하는 방법으로, 카드를 든 사람의 왼쪽 사람부터 순서대로 돌아가면서 설명을 한다.

5 감정을 설명하는 것이 어려운 학생은 카드의 내용을 참고해서 설명하게 한다.

6 카드를 든 사람이 문제를 맞힐 수 있게 설명한 사람이 카드를 가져가고, 가장 많은 카드를 가져간 사람이 감정 탐정이 된다.

모둠원 A : 감정을 맞히기 위해 준비하는 장면   모둠원 B : 감정을 설명하는 방법(짜증)

🔵 이런 멘트로 마무리해요!

감정 탐정이 되어본 경험은 어땠나요? 행동만으로는 맞히기 어려웠던 감정도 말로 설명하니 조금 더 맞히기 쉬웠을 것입니다. 이처럼 감정을 더 잘 전달하기 위해서는 표정, 행동과 더불어 적절한 말을 함께 해야 합니다.

🙂 Tip

• 감정 카드 활동지는 A4 크기의 도화지로 출력해야 뒤에서 비쳐 보이지 않

아 활동이 더 재미있어요.

- 문제를 맞힐 때는 꼭 정해진 순서대로(카드를 낸 사람의 왼쪽부터) 해야 함을 안내해요.

- 몸으로 감정을 설명하는 1단계는 감정을 맞히기 어려우므로 기회를 1번만 주고, 말로 설명하는 2단계는 칠판에 게시된 학급용 감정 신호등(사각형, 육각형)이 있으므로 맞힐 때까지 진행해요.

- 간혹 감정 카드를 만들 때 칠판에 게시된 학급용 감정 신호등(사각형, 육각형)에 없는 감정을 적는 학생이 있는데, 그런 경우 해당 카드는 제외하고 다른 카드로 바꾸어 활동을 진행해요.

영화 캐릭터가 되어 감정 표현하기

활동 목표

감정에 대한 영화를 보고 여러 감정에 대한 이미지를 마음속에 그려본다. 앞에서 다뤘던 비언어적인 표현에 초점을 맞췄던 활동들과는 다르게 자신의 감정과 그 감정이 든 까닭을 직접 언어로 표현하는 연습을 한다. 평소 자신의 감정을 말하는 것을 두려워하는 학생들에게 좋은 표현의 기회가 될 수 있다.

활동 준비물

학급용 감정 신호등(사각형, 육각형), 감정 영화에 관한 짧은 영상(공식 트레일러나 티저), 영화 캐릭터 활동지

활동 준비와 설명

1 학급용 감정 신호등(사각형, 육각형)을 칠판에 게시한다.
2 학생들과 감정 영화에 관한 짧은 영상을 본다.
3 영화 캐릭터 활동지를 나눠 준다.

🔵 이런 멘트로 시작해요!

영화에서 어떤 감정들이 나왔나요? 여러분이 가장 공감했던 장면과 그 이유는 무엇이었나요? 우울하거나 화가 났을 때 여러분은 자신의 감정을 다른 사람에게 어떻게 표현하나요? 혹시 무작정 울거나 소리를 지르지는 않았는지 떠올려 봅시다. 자신의 감정을 다른 사람에게 건강하게 표현하려면 어떻게 해야 할까요?

활동 방법

1 학급용 감정 신호등(사각형, 육각형)에서 내가 가장 자주 느끼는 감정 2가지를 고른다.
2 영화 캐릭터 활동지에 두 감정을 표현하는 캐릭터들을 각각 한 개씩 아주 단순하게 그린다.
3 캐릭터를 그리는 곳 옆에 있는 말풍선에 감정을 표현하고 그 이유를 쓴다.
4 말풍선에 적은 대사를 짝에게 담담하게 읽어준다.
5 앞으로 자신의 감정을 이렇게 표현해 보면 어떤 점이 좋을지 이야기 나누어 본다.

🔵 이런 멘트로 마무리해요!

영화 캐릭터가 되어 내 감정을 표현해 보니 어땠나요? 우리는 각자 삶의 주인공입니다. 영화와 달리 현실에서는 내 감정을 표현하지 않으면 다른 사람들이 내가 어떤 감정을 느끼는지 알기 어렵습니다. 내 감정을 담담하게 다른 사람에게 표현해 보기도 하고, 다른 사람의 감정이 어떤지 물어봐주세요. 여러분의 매일이 멋진 영화일 수 있도록요.

☺ Tip

- 이 활동은 학생들이 직접 "나는 우울했어(화가 나/당황스러웠어/행복해), 왜냐하면……."과 같은 대사를 입 밖으로 소리 내어 말하기를 기대하는 활동이에요.

- 영화 속 캐릭터를 활용하면 평소 자신의 감정을 말하기 부끄러워하거나 어려워하는 학생이 자신이 아니라 캐릭터가 이야기하는 듯한 느낌으로 좀 더 편하게 표현할 수 있다는 장점이 있어요.

- 대사를 읽을 때는 감정을 조금 누그러뜨리고 읽을 수 있도록 교사가 예시를 보여주는 것이 좋아요. 감정을 건강하게 표현하는 것은 자신의 감정을 객관적으로 바라볼 수 있을 때 가능하기 때문이에요.

- 표현 활동에 초점이 맞춰져 있으므로 캐릭터를 그리는 데 학생들이 시간과 노력을 너무 많이 들이지 않도록 해요.

감정 사전 만들기

활동 목표

학생이 알고 있는 감정을 다시 기억하면서, 그 감정을 어떻게 표현하면 좋을지 생각해 본 뒤 말과 행동을 글과 그림으로 표현하여 감정 사전을 만든다. 감정 사전 만들기를 통해 나의 감정 표현 방식을 설명하면서 상대를 배려하는 감정 표현을 내면화할 수 있다.

활동 준비물

학급용 감정 신호등(사각형, 육각형), 감정 사전 활동지, 가위, 풀, 색연필, 네임펜

활동 준비와 설명

1 학급용 감정 신호등(사각형, 육각형)을 칠판에 게시한다.
2 감정 사전 활동지를 나눠 준다.

🔵 이런 멘트로 시작해요!

사전은 많이 쓰이는 단어를 모아서 단어의 뜻과 발음 등을 적어놓은 책입니다.

이처럼 오늘은 우리가 아는 감정을 표현하는 방법을 적은 감정 사전을 만들어 보려고 합니다. 다른 사람과 친하게 지내기 위해서는 감정을 어떻게 표현해야 할지 생각하고 사전에 적어보세요.

활동 방법

1 학급용 감정 신호등(사각형, 육각형)에서 가장 익숙한 감정 7가지를 고른다.
2 감정 사전 활동지에 각 감정의 이름을 적는다.
3 다른 사람과 친하게 지내려면 그 감정을 말과 행동으로 어떻게 표현해야 할지 생각한다.
4 활동지에 말과 행동을 글과 그림으로 표현한다.
5 감정 사전을 활용해서 나만의 감정 표현 방식을 짝에게 설명한다.

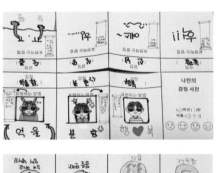
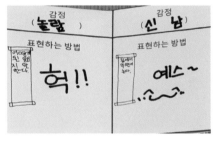

🔵 이런 멘트로 마무리해요!

감정을 표현하는 방법을 글과 그림으로 작성해 감정 사전을 만들어보는 활동은 재미있었나요? 우리가 만든 감정 사전을 활용하면 자신의 감정을 실제 상황에서 더 쉽게 표현할 수 있게 됩니다.

☺ Tip

- 학급용 감정 신호등(사각형, 육각형)의 각 영역이 골고루 들어갈 수 있도록 안내해요.
- 내가 표현하려는 것이 상대방을 배려하는 말과 행동인지 고민해서 적도록 안내해요.

감정 표현 아이 메시지

활동 목표

감정을 표현하기 전에 '5W1H'로 자신의 불편한 감정을 인식하고, 'I-message'로 감정을 표현해 본다. 이를 통해 감정을 다른 사람이 불편하지 않게 말로 표현하는 방법을 배우고, 단순한 감정 표현을 넘어 불편한 감정을 해소하는 방법을 고민할 수 있다.

활동 준비물

학급용 감정 신호등(사각형, 육각형), 감정 표현 활동지

활동 준비와 설명

1 학급용 감정 신호등(사각형, 육각형)을 칠판에 게시한다.
2 감정 표현 활동지를 나눠 준다.

🎙️ 이런 멘트로 시작해요!

여러분은 가족이나 친구와 대화할 때 상대방의 배려 없는 말이나 행동에 상처

받은 적이 있나요? 상처받은 다음에 어떻게 해결하려고 노력했었나요? 또 대화하다가 오히려 상대방과 사이가 더 나빠진 적이 있었나요? 혹은 반대로 대화하면서 상대방과 더 친해진 적이 있었나요? 이처럼 사소해 보이는 말 한마디가 상대방을 상처 주기도 하고, 때로는 갈등을 해소하는 데 도움을 주기도 합니다. 오늘은 상대방에게 나의 불편한 감정을 말로 표현하는 방법을 배워보도록 하겠습니다.

활동 방법

1 감정 표현 활동지를 보고, 불편했던 감정이 들었던 때의 상황을 순서대로 적는다.
2 모두 적은 뒤 짝 활동으로 서로 돌아가며 '감정 표현하기' 부분을 읽는다.

◉ 이런 멘트로 마무리해요!

불편했던 감정을 구체적으로 정리한 뒤 말로 표현해 보니 어땠나요? 감정을 건강하게 표현하기 위해서는 내 감정과 그 원인을 알아차리고 그 감정을 상대방이 불편하지 않게 전달하도록 노력해야 합니다. 불편한 감정을 어떻게 전달할지 모르겠다면, 오늘 했던 활동을 따라한 뒤 감정을 표현해 보세요.

☺ Tip

- 실명이 거론되어 학급 내에서 문제가 생길 수 있는 경우에는 'Who' 부분은 적지 않아요.
- '감정 표현하기' 부분을 짝과 연습하는 것은 감정 표현 방법을 연습하기 위

한 과정이므로 진지하게 임하도록 안내해요.

- 해결 방법(How)이 생각나지 않는 경우, 상대방이 나에게 어떻게 말해 주거나 행동하면 좋겠는지 생각해 보도록 해요.
- 감정을 알아차릴 때(What)는 학급용 감정 신호등(사각형, 육각형)을 참조해요.
- 저학년의 경우 위 과정이 어려우므로, 감정(What)과 해결책(How)만 찾아서 말하도록 해요.

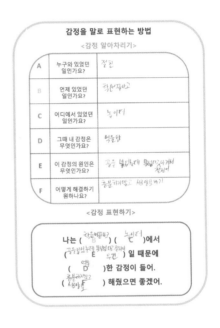

4장

감정
조절하기

화를 조절하지 못하는 학생들은 공통적으로 자신의 감정을 어떻게 표현하고 조절하는지 잘 알지 못한다. 그저 감정이 누그러지면 "선생님, 죄송해요. 저도 왜 이러는지 모르겠어요."라고 말하곤 한다. 이런 문제를 해결하기 위해 내가 가장 심혈을 기울였던 것은 그 학생의 불편한 감정을 받아주고, 화를 낸 후에 어떻게 하면 문제를 해결할 수 있을지, 어떻게 하면 감정을 잘 표현할 수 있을지 대화하는 것이었다.

"선생님도 화가 나면 잘못된 행동을 해. 나중에 생각해 보면 내가 왜 그랬을까 싶어서 나 자신에게 도리어 화가 날 때도 있어. 원래 감정이 폭발하면 조절하기 어려운 게 사실이야. 그래서 문제를 막는 것도 중요하지만, 문제가 생긴 후 그 문제가 다시 일어나지 않도록 노력하는 것도 중요해. 오늘 같은 일이 다음에 또 생기면 어떻게 할지 함께 고민해 볼까?"

이 장은 감정으로 인한 문제가 생겼을 때 그 경험을 재구조화하여 추후 비슷한 상황이 생겼을 때 올바른 선택을 하도록 돕는 활동으로 구성되어 있다. 다소 불편한 경험과 마주해야 하는 경우가 많아 학생들이 부담스러워하거나 분위기가 안 좋아지기도 할 것이다. 따라서 활동을 하기 전에 다음의 이야기를 학생들에게 안내하면 조금 더 부드럽게 활동을 시작할 수 있다.

"친구가 놀려서 화가 났던 경험이 있나요? 아니면 평소 장난을 잘 받아주는 친구라고 생각해서 정말 조금 장난을 쳤는데 갑자기 친구가 화를 내서 기분이 나빴던 적 있나요? 사람에게는 마음속에 저마다 다른 크기의 감정 주머니가 있습니다. 이 주머니는 평소 느끼는 불편한 감정이 조금씩 쌓이는 곳으로, 아무리 크기가 큰 감정 주머니라도 용량에는 한계가 있어요. 평소 말없이 장난을 잘 받아주던 친구가 갑자기 화를 냈다는 것은 주머니에 불편한 감정이 쌓이다가 결국 터져버린 것입니다. 우리의 감정 주머니가 불편한 감정을 견디지 못하고 '펑' 하고 터져버렸다면 어떻게 해야 할까요? 더 튼튼하고 큰 새로운 감정 주머니를 여러분의 마음속에 만들어야겠지요. 우리가 지금부터 하는 활동은 과거의 불편했던 경험으로 생긴 감정을 없애고, 여러분의 감정 주머니를 더 튼튼하고 크게 만들기 위한 것입니다. 과거의 불편했던 경험을 다시 떠올리게 하기에 마음이 어려울 수도 있습니다. 하지만 이 활동을 하다 보면 예전의 불편했던 경험으로 생긴 감정이 점차 해소되는 것을 느낄 수 있을 것입니다."

4-1

감정 휴지통 놀이

활동 목표

슬프거나 화가 나는 등 감정적으로 불편한 상황을 겪은 후 남아 있는 감정을 휴지통에 버리는 행동을 하며 해소하는 활동이다.

활동 준비물

감정 비우기 활동지, 휴지통(실제 휴지통이나 박스 또는 폐지함)

활동 준비와 설명

1 감정 비우기 활동지를 나눠 준다.
2 교실 앞쪽에 휴지통을 둔다.

🔵 **이런 멘트로 시작해요!**

여러분은 가족이나 친구와 크게 싸워서 슬프거나 화가 난 경우가 있었나요? 시간이 지나도 그때의 감정은 여전히 마음 한구석에 남아 있을 것입니다. 이처럼 상처받은 감정은 쉽게 사라지지 않습니다. 그래서 오늘은 나의 상처받은 감정을 없애기 위해 종이에 상처받은 상황과 당시의 감정을 적어 휴지통에 버리는 활동을 해보려고 합니다.

활동 방법

1 활동지에 최근에 가장 상처받았던 상황과 그때 느꼈던 감정을 쓴다.
2 교사의 신호에 맞춰 활동지를 구겨 휴지통에 넣는다.
3 활동이 끝나고 감상을 나눈다.

🎯 이런 멘트로 마무리해요!

슬프거나 화가 났던 상황을 활동지에 적은 뒤 구겨서 휴지통에 넣었을 때 어떤 감정이 들었나요? 우리는 힘들었던 감정을 견디는 것보다 그 감정을 이겨내고 앞으로 나아가는 힘을 얻어야 합니다. 감정은 참고 견디는 것보다 표현함으로써 이겨낼 수 있습니다.

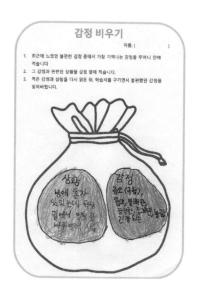
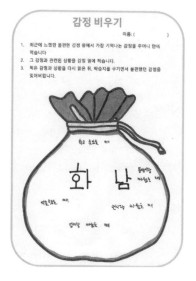

☺ Tip

- 활동지에 상처받았던 상황을 적을 때 당사자의 실명을 적지 않도록 안내해요.
- 실제 활동 시 감정을 휴지통에 버리는 의미보다 종이를 던지는 행위 자체에 집중해 교실이 매우 소란스러울 수 있어요. 그래서 동시에 던지는 것보다는 안전을 위해 순서를 정해 정해진 장소(박스, 휴지통 등)에 버리도록 안내해요.
- 구겨진 종이를 사람을 향해 던지지 않도록 주의해요.
- 교실에서 쓰는 폐지함에 바로 버리도록 하는 것이 정리하기 좋아요.

감정 피자

활동 목표

최근에 감정을 조절하지 못해 잘못된 행동을 했거나 부정적인 상황을 만들었던 때를 기억하고, 그 당시 느꼈던 감정을 적어본다. 잘못된 행동(상황)을 자신이 실제로 원했던 행동(상황)으로 바꾸면 어떤 감정을 느낄 수 있을지 적어보면서 경험을 재구조화하는 과정을 연습한다. 경험을 재구조화함으로써 비슷한 상황이 닥쳤을 때 다른 감정을 느끼게 하여 잘못된 행동(상황)을 막을 수 있다.

활동 준비물

감정 피자 활동지

활동 준비와 설명

감정 피자 활동지를 나눠 준다.

🎯 이런 멘트로 시작해요!

여러분은 친구들과 잘 놀다가 한 친구가 장난으로 한 말에 "왜 그래~!" 하면서 화를 낸 적이 있나요? 우리는 종종 평소라면 그냥 넘어갔을 말인데 그날따라 기분이 나빠서 화를 내거나 소리를 질러서 불편한 상황을 만들기도 합니다. 오늘은 실수로 잘못된 행동을 했던 상황을 되돌아보고, 그 당시 느꼈던 감정을 적어볼 예정입니다. 그리고 내가 만들고 싶었던 상황을 적어보고, 상황이 변화되었을 때 내가 어떤 감정을 느낄 수 있을지 적어보면서 같은 실수를 반복하지 않도록 연습해 보려고 합니다.

활동 방법

1 활동지의 ①번 원에 최근에 가장 감정이 불편했던 상황을 적는다.
2 ②번 원에 당시 가장 강하게 느꼈던 감정이 제일 크게 보이도록 영역을 나누어 적는다.
3 ③번 원에 불편했던 경험을 바꾸어 내가 만들고 싶었던 상황을 적는다.
4 ④번 원에 상황이 달라지면서 변화될 나의 감정을 영역을 나누어 적는다.

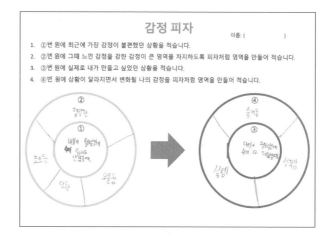

😮 이런 멘트로 마무리해요!

힘들었던 경험과 감정을 바꿔보면서 마음이 조금 편해지는 것을 느꼈나요? 불편한 감정을 인정하고 조절하려고 노력하지 않으면 계속 잘못된 생각이나 행동을 반복하게 됩니다. 힘들었던 경험을 바꾸면서 감정을 조절하여 건강하게 표현해 보는 것은 어떨까요?

😊 Tip

- 감정을 조절하지 못했던 상황에서 느꼈던 감정이 1가지여도 괜찮아요.
- 감정을 적을 때는 학급용 감정 신호등(사각형, 육각형)을 참고해요.
- 감정을 조절하지 못했던 상황에 대해 적을 때 당사자의 실명을 적지 않도록 안내해요.
- 이 활동은 감정을 깊게 들여다보고 경험을 재구조화하는 과정을 거치므로 학생들이 쉽게 참여하기 어려울 수 있어요. 학생들이 감정이 불편했던 상황을 적기 어려워할 때는 최근에 가장 슬펐거나 화가 났던 상황을 적도록 안내해요. 그리고 불편했던 경험과 관련된 감정을 적기 어려워할 때는 1~2개

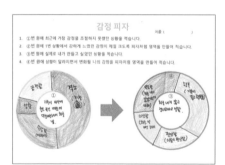

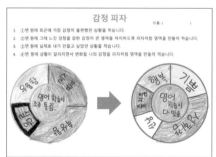

만 적도록 하고, 불편했던 경험을 바꾸어 내가 만들고 싶었던 상황을 적을 때는 내가 진정으로 하고 싶었던 말과 행동이나 상대방에게 받고 싶은 말과 행동을 적도록 안내해요.

감정 일기

활동 목표

감정을 조절하기 위해 오늘 느꼈던 감정 중 가장 강렬했던 감정을 1가지 선택하여 그 감정과 관련된 이야기를 일기로 쓴다. 감정을 중심으로 일기를 쓰면 자기감정을 더 잘 알아차리고 받아들일 수 있어 감정을 조절하는 데 도움이 된다.

활동 준비물

일기장, 학급용 감정 신호등(사각형, 육각형)

활동 준비와 설명

학급용 감정 신호등(사각형, 육각형)과 일기장을 준비한다.

🔘 이런 멘트로 시작해요!

어느 날 밤에 잠을 자려고 누웠는데 '아~ 정말 그때 왜 그랬을까?' 하면서 이불킥을 했던 경험이 있나요? '다음에는 절대 그러지 말아야지'라고 명심했는데 같은 실수를 반복해 본 적 있나요? 똑같은 실수를 반복하지 않기 위해서는 그 당시 느꼈던 감정이 무엇인지를 알아차리고, 감정과 관련된 감상을 일기로 적어 두는 것이 중요합니다. 그래서 일주일에 1~2번 감정 일기를 쓰면서 감정을 조절하는 연습을 해보도록 하겠습니다.

활동 방법

1 하루 동안 있었던 일 중 가장 바꾸고 싶은 상황을 1가지 떠올린다.

2 그 상황과 관련된 감정을 학급용 감정 신호등(사각형, 육각형)에서 찾아 적는다.

3 그 당시 상황과 느꼈던 감정을 어떻게 바꾸고 싶은지 적는다.

 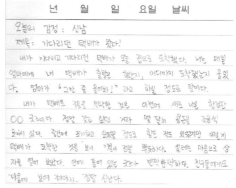

🔵 이런 멘트로 마무리해요!

감정과 그 감정을 느꼈던 상황을 일기로 써보니 어땠나요? 감정을 주제로 일기를 쓰면 감정을 더 잘 알고 조절할 수 있게 됩니다. 변화가 필요하다고 느꼈을 때 가장 쉽게 할 수 있는 일은 '생각을 물질화하는 것'입니다. 생각의 물질

화란 자신이 원하는 상황을 글로 적어서 눈에 보이는 곳에 붙여놓으면 더 잘 기억하고 내면화하게 되어 원하는 상황을 쉽게 달성할 수 있다는 것이지요. 마찬가지로 〈4-1. 감정 휴지통 놀이〉 활동에서처럼 부정적인 상황 역시 종이에 적어서 휴지통에 버린다면 부정적인 생각까지 버려지는 느낌을 받을 수 있어요. 앞으로 머릿속에 떠오르는 감정을 글로 정리하면서 감정을 해소해 보는 것은 어떨까요?

☺ Tip

- 일주일에 1~2회 정도 자기주도적으로 적도록 안내해요.
- 자기감정이 무엇인지 정확하게 알아차리는 것이 중요함을 안내해요.

감정 통장

활동 목표

하루 동안 느꼈던 가장 강한 감정과 원인을 돌아보며 감정을 조절해 보는 연습을 한다. 감정 통장을 모두 채운 후 자신이 적은 감정이 어떤 기본 감정 영역에 속하는지 확인하고, 내가 어떤 감정을 많이 느끼고 싶은지 생각한 뒤 다음번의 감정 통장에서 실제로 채워보도록 노력한다.

활동 준비물

감정 통장, 학급용 감정 신호등(사각형, 육각형)

활동 준비와 설명

1 감정 통장을 나눠 준다.
2 학급용 감정 신호등(사각형, 육각형)을 게시한다.

🗣 이런 멘트로 시작해요!

사람들은 조금씩 통장에 쌓여가는 돈을 보며 행복함을 느낍니다. 통장에 돈이 쌓이듯 우리가 하루하루 어떤 감정을 느꼈는지 감정 통장에 차곡차곡 정리해 보고, 내가 느끼고 싶은 감정으로 채워보는 것은 어떨까요?

활동 방법

1 감정 통장에 거래일과 맡긴 감정, 그 감정이 속한 기본 감정을 적는다.
2 그 감정의 원인을 적는다.
3 감정 통장을 모두 채운 뒤, 내가 가장 많이 느낀 감정(기본 감정)을 알아본다.
4 내가 가장 느끼고 싶은 감정이 무엇인지 생각하고, 다음 번에는 통장에 그 감정을 채우기 위해 노력한다.

감정 통장 이름: ( )			
거래일	맡긴 감정	감정의 원인	기본 감정
2022.03.02	긴장되는	새 학년이 되어서	두려움
2022.3.5	신남	새 친구를 알아 사귀어서	기쁨
2022.2.22	두려움	코로나 확진판정 받아서	두려움
2022.2.14	설렘	초콜릿을 받아서	기쁨
2022.3.14	설레음	사탕을 받아서	기쁨
2022.3.16	즐거움	자리 배정이 잘되서	기쁨
2022.3.18	서러움	친구랑 다툼이 있어서	슬픔
2022.3.21	황당함	수업시간 3번을 빼먹어서	놀람
2022.3.25	상쾌함	살이 빠져서	기쁨

감정 통장 이름: ( )			
거래일	맡긴 감정	감정의 원인	기본 감정
2022.03.02	긴장되는	새 학년이 되어서	두려움
2022.3.03	설렘	새 친구들을 많이 사귈것 같아서	기쁨
022.3.04	즐거움	친구들을 만나서	기쁨
022.3.07	우울함	주말이 지나서	슬픔
022.3.08	설렘	엄마와 놀 생각에	기쁨
022.3.09	신남	몸이 닮는 시비 많아서	기쁨
022.3.10	행복	떡볶은 한우를 먹어서	기쁨
022.3.11	행복	다음날이 주말이라서	기쁨

이런 멘트로 마무리해요!

한 달 동안 내가 느꼈던 감정을 감정 통장에 차곡차곡 쌓아보니 어떤가요? 내가 가장 많이 느낀 감정은 기본 감정 중 어떤 감정인가요? 또 내가 가장 느끼고 싶은 감정은 어떤 감정일까요? 다음 번에는 감정 통장에 내가 느끼고 싶은 감정을 채워보도록 노력해 봅시다.

☺ Tip

- 하루 동안 느낀 감정 중 가장 강한 감정 1가지만 적도록 안내해요.

4-5

감정 조절 약속

활동 목표

불편한 감정을 잘못 표현한 방법을 거꾸로 바꿔보면서, 감정을 조절하는 방법을 배운다.

활동 준비물

학급용 감정 신호등(사각형, 육각형), 보드마카(검정색, 빨간색, 파란색)

활동 준비와 설명

1 감정 조절 약속을 정하기 위한 표를 칠판에 그린다.
2 학급용 감정 신호등(사각형, 육각형)을 게시한다.

🙂 이런 멘트로 시작해요!

나와 상대방을 불편하게 만드는 감정에는 무엇이 있을까요? 그리고 감정을 조절하지 못해 잘못 표현하는 행동에는 무엇이 있을까요? 오늘은 우리를 불편하게 하는 감정과 행동을 찾아보고, 불편하게 만드는 행동을 반대로 바꾸면 어떤 감정이 느껴질지 알아보려고 합니다. 그리고 감정을 조절하여 표현하는 방법을 약속으로 만들어 실제로 활용해 봅시다.

활동 방법

1 나와 상대방을 불편하게 만드는 감정을 브레인스토밍한 뒤, 교사는 칠판에 그린 표의 '감정' 칸에 파란색 마카로 적는다.

2 그 감정을 느꼈을 때 하는 잘못된 행동을 브레인스토밍한 뒤, 칠판에 그린 표의 '말과 행동' 칸에 파란색 마카로 적는다.

3 2번의 행동을 반대로 바꾸어 감정을 조절하여 표현하는 방법을 브레인스토밍한 뒤, 칠판에 그린 표의 '말과 행동' 칸에 빨간색 마카로 적는다.

4 3번의 행동을 했을 때 어떤 감정을 느낄 수 있을지 브레인스토밍한 뒤 칠판에 그린 표의 '감정' 칸에 빨간색 마카로 적는다.

5 감정을 조절하여 표현하는 방법 중 2~3가지를 중복 투표하여 우리 반 감정 조절 약속으로 만든다.

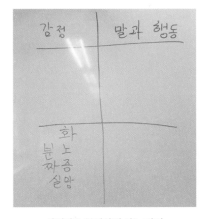

상대방을 불편하게 하는 감정

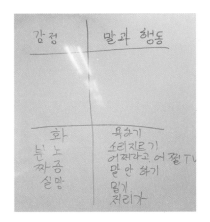

상대방을 불편하게 하는 말과 행동

감정을 조절하여 표현하는 방법　　　　감정을 조절했을 때 느낄 수 있는 감정

⭕ 이런 멘트로 마무리해요!

지금까지 앞서 만들었던 공감 약속처럼 감정을 조절하는 약속을 만들어보았습니다. 지금부터 교실 옆면 공감 약속 옆에 감정 조절 약속을 붙여놓을 테니 감정이 불편하거나 화가 날 때 감정 조절 약속을 보고 감정을 조절할 수 있도록 노력해 봅시다.

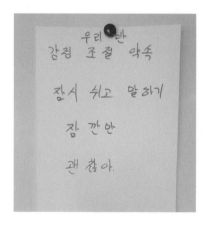

☺ Tip

- 학생들은 자신의 불편한 감정과 행동을 다른 사람 앞에서 말하는 것을 좋아하지 않으므로 불편한 감정과 행동을 브레인스토밍할 때는 본인이 아닌 타인의 경험인 것처럼 말하도록 안내해요.

- 불편한 감정과 행동을 브레인스토밍할 때 교사가 몇 가지 예시('저리 가!', 욕하기 등)를 들어주면 더 자연스럽게 활동이 진행될 수 있어요.

- 감정 조절 약속은 만드는 것보다 지키는 것이 어려우므로 학생들이 천천히 내면화할 수 있도록 교실의 잘 보이는 곳에 게시해 두고 평소에 자주 활용하는 것이 좋아요.

감정 비밀 상자

활동 목표

감정이 폭발하여 자신의 감정이 무엇인지 모를 때, 감정 비밀 상자에서 감정 카드를 뽑아보면서 자신의 감정을 알아차리고 스스로 감정을 조절하는 기회를 얻을 수 있다.

활동 준비물

감정 비주얼씽킹 카드, 감정 비밀 상자(안쪽이 보여도 괜찮음), 감정 조절 약속

활동 준비와 설명

감정 비주얼씽킹 카드를 감정 비밀 상자에 넣는다.

💬 이런 멘트로 시작해요!

여러분, 손바닥에도 뇌가 있다는 사실을 알고 있나요? 여러분의 손목 부분은 인간의 생명을 담당하는 뇌간 부분입니다. 그리고 엄지손가락을 접었을 때 닿는 부분은 감정을 담당하는 중뇌라고 부릅니다. 우리는 다른 손가락(이성)으로

엄지(감정)를 덮고, 엄지와 가장 맞닿아 있는 전전두엽을 통해 감정을 인식하고 조절하며 살아가고 있습니다. 그런데 화가 난다면 어떻게 될까요? 엄지를 덮었던 다른 손가락들이 펴지듯 뚜껑이 열리겠지요? 그럼 우리는 생각은 하지 못하고 감정만 표현하게 됩니다. 그래서 감정을 조절하기 위해서는 내가 현재 어떤 상태인지, 내 감정은 무엇인지 생각해 봐야 해요. 여기 있는 감정 비밀 상자에는 여러분들이 만든 감정 비주얼씽킹 카드가 들어 있습니다. 감정이 불편해질 때, 무작정 화를 내는 것보다 현재 내 감정이 무슨 감정인지 상자에서 찾아보면서 내 감정의 비밀을 풀어보세요.

활동 방법

1 감정이 불편하거나 스스로 조절이 되지 않을 때 감정 비밀 상자 안에서 감정 카드를 뽑게 한다.
2 자신의 현재 감정과 비슷한 감정을 찾으면 감정 조절 약속 중 1가지를 골라서 실제로 해보도록 한다.

🔵 이런 멘트로 마무리해요!

너무 화가 나면 무엇을 어떻게 해야 할지 모를 때가 많습니다. 그럴 때 감정 비밀 상자에서 감정 카드를 뽑으면서 나의 감정이 무엇인지 확인해 보면 차츰 감정이 조절됨을 느낄 수 있습니다. 이처럼 감정 조절을 위해서는 자신의 감정이 무엇인지 제대로 아는 것이 중요합니다.

☺ Tip

- 감정이 폭발했을 때는 이성적으로 생각하기 어려우므로 감정 비밀 상자를 통해 이성적 판단이 조금이나마 가능해졌을 때 감정 조절 약속과 연계하여 활용하면 더 효과적이에요.

- 이 활동은 상자에서 감정을 찾으며 내 현재 감정을 알아차리는 것과 감정을 찾는 과정에서 저절로 감정이 조절되는 것을 목표로 하고 있으므로 감정 카드에 같은 감정이 여러 가지 중복되어 있어도 괜찮아요.

- 전체 활동보다는 개인 상담 시 추천하는 활동이에요. 개인 상담 중 학생의 감정 조절이 필요해 보일 때 학생에게 감정 비밀 상자를 사용할지 물어보고, 동의하면 사용해요.

감정 온작품 읽기

활동 목표

글과 그림으로 이해를 돕는 그림책을 통해 여러 가지 감정에 대해서 배우고 그 감정을 조절하는 방법을 다양한 활동으로 경험해 본다.

활동 준비물

감정을 표현한 그림책, 각 감정별 활동지, 색연필, 네임펜(사인펜)

활동 준비와 설명

그림책 박물관(http://www.picturebook-museum.com)에서 검색하면 원하는 감정이나 주제의 그림책을 찾을 수 있다.

⚙ 이런 멘트로 시작해요!

여러분이 가장 재미있게 본 그림책은 무엇인가요? 그림책은 그림과 글이 같이 있어 다양한 생각을 하게 만들어주는 책입니다. 오늘은 그림책을 읽고, 내가 주인공이었다면 어떻게 행동했을지 표현해 보는 활동을 해보겠습니다.

활동 방법

• 기쁨: 메타포 기법

- 추천 그림책 : 차재혁 글·최은영 그림,《말랑말랑한 이야기》, 플라이쿠키
- '행복이란 ~이다.'처럼 은유법을 활용하여 행복 표현하기

• 슬픔: 생각 나누기

- 추천 그림책 : 캐린 케이츠 글·웬디 앤더슨 핼퍼린 그림,《슬픔을 치료해
  주는 비밀 책》, 봄봄출판사
- 슬픔을 이기는 나만의 3가지 방법 적어보기

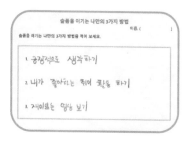 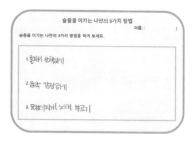

- **두려움: 종이비행기 날리기**

  - 추천 그림책 : 생 순 라타나반 글·그림,《그날 밤 무슨 일이》, 풀과바람

  - 가장 두려운 점을 3가지 적고, 종이비행기로 접어 날리기

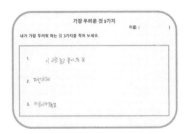 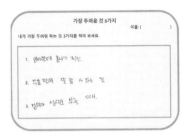

- **화: 생각 나누기**

  - 추천 그림책 : 몰리 뱅 글·그림,《소피가 화나면 정말 정말 화나면》, 책읽는곰

  - 화를 조절하는 나만의 3가지 방법 적어보기

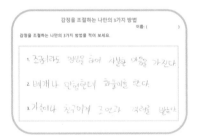 

- **놀람: 생각 나누기**

  - 추천 그림책 : 패트리샤 폴라코 글·그림,《천둥 케이크》, 시공주니어

- 놀란 마음을 진정시키는 나만의 3가지 방법 적어보기

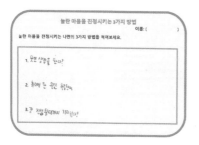 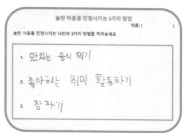

• 혐오: 다름 존중 챌린지

- 추천 그림책 : 비베카 훼그렌 글·그림,《천장 위의 아이》, 봄볕

- 다름을 존중하는 방법 나누기

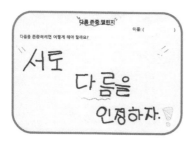 

🔵 이런 멘트로 마무리해요!

그림책으로 감정을 배워보니 재미있었나요? 그림책의 주인공처럼 우리도 감정을 조절하는 방법을 연습해 보면 어떨까요? 감정을 조절하는 나만의 방법을 만들어보세요.

☺ Tip

- 이 활동을 한 뒤 〈4-8. 감정 사칙연산〉 활동을 연계하면 더 효과적으로 수 업할 수 있어요.
- 그림책을 읽고 주인공이 했던 행동(예 : 《슬픔을 치료해 주는 비밀 책》을 읽고, 주 인공이 한 것처럼 나만의 슬픔을 치료하는 방법 나누기 등)을 바탕으로 활동을 하 면 더욱 효과적이에요.

감정 사칙연산

활동 목표

감정을 조절하고 표현하기 위해 더할 것과 뺄 것, 발전시킬 수 있는 것과 기여할 수 있는 것을 브레인스토밍하면서 감정을 더 잘 인식하고 조절할 수 있게 된다.

활동 준비물

색이 다른 포스트잇 4가지, 칠판

활동 준비와 설명

1 칠판에 4분면을 그리고, 왼쪽 위부터 시계방향으로 가운데 부분에 사칙연산을 '+, −, ×, ÷' 순으로 적는다.

2 색이 다른 포스트잇 4종류를 1장씩 나눠 준다.

🎧 이런 멘트로 시작해요!

여러분은 평소 감정을 어떻게 표현하고 있나요? 친구에게 화를 내고 후회한 적이 있나요? 반대로 기분 좋은 감정을 공감받아서 기뻤던 적이 있나요? 우리는 매일 감정을 표현하면서 실수하고, 그 실수를 고치며 살아갑니다. 우리가 감정을 잘 표현하기 위해 무엇이 필요하고, 무엇을 고쳐야 하는지 '+, −, ×, ÷'를 활용하여 나타내 볼까요? '+'에는 내가 잘하지 못하는 점, '−'에는 내가 고쳐야 할 점, '×'에는 종종 하고 있는데 더 잘해야 하는 점, '÷'에는 다른 사람에게 도움을 줄 수 있는 점을 적도록 합니다.

활동 방법

- **감정을 잘 조절하여 표현하려면**

  + : 감정을 잘 표현하기 위해 더해야 하는 점(내가 잘하지 못하는 점)

  − : 감정을 잘 표현하기 위해 빼야 하는 점(내가 고쳐야 할 점)

  × : 감정을 잘 표현하기 위해 발전시켜야 하는 점(종종 하고 있는데 더 잘해야 하는 점)

  ÷ : 감정을 잘 표현함으로써 다른 사람에게 기여할 수 있는 점(다른 사람에게 도움을 줄 수 있는 점)

- **기쁨(슬픔, 두려움, 화남, 놀람, 혐오)을 조절하여 표현하려면**

  + : 기쁨(슬픔, 두려움, 화남, 놀람, 혐오)을 잘 표현하기 위해 더해야 하는 점(내가 잘하지 못하는 점)

  − : 기쁨(슬픔, 두려움, 화남, 놀람, 혐오)을 잘 표현하기 위해 빼야 하는 점(내가 고쳐야 할 점)

  × : 기쁨(슬픔, 두려움, 화남, 놀람, 혐오)을 잘 표현하기 위해 발전시켜야 하는 점

(종종 하고 있는데 더 잘해야 하는 점)

÷ : 기쁨(슬픔, 두려움, 화남, 놀람, 혐오)을 잘 표현함으로써 다른 사람에게 기여

할 수 있는 점(다른 사람에게 도움을 줄 수 있는 점)

🎨 이런 멘트로 마무리해요!

감정을 잘 조절하여 표현하는 방법을 더할 것과 뺄 것, 더 노력해야 할 것, 내

가 돕거나 기여할 수 있는 것으로 정리해 보니 어땠나요? 행복한 우리 반이 되

기 위해 내가 도울 수 있는 점은 무엇이 있을까요? 감정 사칙연산에 적은 것을

지키며 행복한 우리 반을 만들어봐요.

😊 Tip

● ⟨4-7. 감정 온작품 읽기⟩ 활동과 연계하면 더 효과적이에요.

● 학생들이 직접 포스트잇에 적어 칠판에 붙이도록 안내해요.

● 적을 것이 없다고 말하는 학생이 있을 때는 "4가지 중 2가지만 적어 줄래?"

라고 구체적으로 안내하면 효과적이에요.

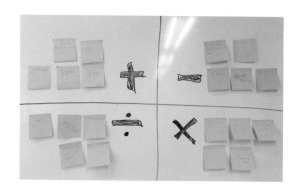

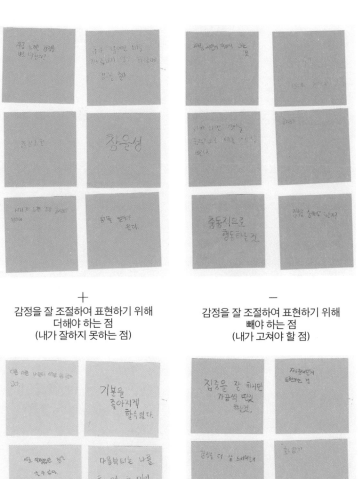

+
감정을 잘 조절하여 표현하기 위해
더해야 하는 점
(내가 잘하지 못하는 점)

−
감정을 잘 조절하여 표현하기 위해
빼야 하는 점
(내가 고쳐야 할 점)

÷
감정을 잘 조절하여 표현함으로써
다른 사람에게 기여할 수 있는 점
(다른 사람에게 도움을 줄 수 있는 점)

×
감정을 잘 조절하여 표현하기 위해
발전시켜야 하는 점
(종종 하고 있는데 더 잘해야 하는 점)

Part 3
—
감정 수업으로
변화되는 교실

분노를 조절하고
평화로운 교실을 만드는
감정 표현 솔루션

01
감정 수업이 제대로 되지 않을 때

"감정 수업을 해도 아이들이 변하지 않아요."

이 책을 통해 감정 수업 4단계(감정 알아차리기 – 감정 받아들이기 – 감정 표현하기 – 감정 조절하기)를 연습하면 학생들이 자연스럽게 변화할 것이라고 기대하는 교사들이 많을 것이다. 하지만 기대가 크면 실망이 크다는 말처럼 감정 수업으로 일어나는 변화는 눈으로 쉽게 보이지 않을 수도 있다.

"선생님, 이거 왜 해요?"

"선생님, 재미없어요!"

"선생님, 부끄러워요."

감정 수업을 처음 시작하면 시도 자체를 무섭게 만드는 말들이 학생들로부터 나올 수 있다. 이때 '조금 더 하면 되겠지, 내가 실수한 부분이 있나? 아이들이랑 감정 수업이 안 맞나?' 등 많은 생각이 들겠지만, 어쩌면 실패의 과정은 당연한 것이다. 감정 수업을 처음 시도했는데 학생들이 정말 재미있어하거나 눈에 보일 만큼 변화가 있다면 이는 원래 감정에 대해서 잘 아는 학생들이었거나 나와 잘 맞는 학생들과 1년을 보내는 행운을 맞이한 것이다.

감정 수업의 목표는 교사가 바로 알려주는 것이 아니라 활동으로 배우는 과정을 통해 학생들이 자연스럽게 감정의 주인이 되도록 돕는 것이다. 그렇기 때문에 수업의 결과가 바로 드러나지 않고 서서히 시간을 두고 나타나기도 한다. 감정 수업이 제대로 되고 있지 않다고 느낀다면 조급함을 갖지 말고 다음 세 가지를 명심하자.

첫째, 먼저 나부터 바뀌어야 한다.

교사는 어떤 상황에 마주했을 때 많은 경험과 사례를 통해 무의식적으로 상황을 빠르게 판단하여 행동할 수 있다. 하지만 간혹 학생들의 행동 안에 숨겨진 이면을 보지 못하고 속단하는 경우가 있다. 반면에 학생들은 아직 경험과 판단력은 부족할지 몰라도 교사보다 상대적으로 상황을 오랫동안 관찰한다. 따라서 교사는 판단하기 전에 학생 본연의 모습을 더 많이 관찰하고, 판단을 유보하려는 노력이 필요하다.

감정 조절이 힘든 학생을 여럿 만난 해가 있었다. 별일 없이 하루를 평온히 보내기 어려운 날들이 이어지던 중 갑자기 몸에 이상이 생겨 2학기 말 무렵에는 한 달 남짓 병가를 내게 되었다. 학생들의 아픈 감정과 표현을 받아주던 일이 몸과 마음에 매우 고되었기에 다시 교실에 돌아가기가 적잖이 두려웠다.

병가를 끝내고 교실로 다시 돌아갔을 때, 나를 맞아주었던 것은 예상치 못한 학생들의 애정 어린 눈빛과 표정, 기쁜 목소리였다. 특히 내 눈길을 사로잡

왔던 것은 수업 시간에 자주 허락 없이 돌아다니고 자신의 물건을 아무 곳에나 두던 남학생이었다. 내 말을 곧잘 무시했고, 한편으로는 부끄럼이 많아 말을 걸어도 눈을 잘 마주치지 않고 별 대답도 하지 않던 학생이었다. 가끔은 '나를 담임 교사라고 생각하기는 하는 건가?'라는 생각이 들 정도로 나를 주변의 벽처럼 대했던 학생이었다. 그런데 그 학생이 내가 들어서자 "선생님!"이라고 부르며 쑥스럽지만 반가움이 묻어나는 미소를 보여주었다. 나는 그 학생이 우리의 관계를 (나와 비슷하게) 데면데면하게 느끼고 있을 거라고 속단했었다. 그러나 마음에 빗장이 걸려 있었던 것은 그 학생이 아니라 나 자신이었다. 내가 아프기 전에 한 번이라도 그 학생에게 '내가 느끼는 감정에 대해 담담하게 표현해 봤다면 어땠을까?' 하는 아쉬움이 남았다.

교사 자신의 감정에 솔직해지자. 때로는 진심이 백 마디 번지르르한 말보다 낫다. 자칫 진심을 말하는 것이 에너지를 많이 쓰는 일이고 되려 피곤한 일일 수도 있지만, 반대로 교사의 감정을 해소하고 새로운 관계를 향한 발판이 될 수도 있다. 교사 자신부터 빗장을 풀고 자신의 감정에 충실하기를 바란다.

둘째, 타인을 바꾸려고 하지 말자.

교실에서 학생들과 가장 큰 갈등을 만드는 것은 학생의 잘못을 지적하고 행동을 바꾸려고 할 때이다. 예를 들어 처음 전근 간 학교에서 업무 방식과 관련해 갈등이 있다고 생각해 보자. 내가 현재까지 해온 방식과 달라 스트레스를 많이 받을 것이다. 학생들도 똑같다. 자신이 지금까지 살아오면서 얻은 생활 방식을 바꾸는 것은 매우 어려운 일이다.

"전기 충격기를 사서 본인에게 지지세요."

이 말은 다른 사람에게 화를 자주 내는 본인을 바꾸고 싶다는 사람에게 전기 충격기로 본인을 지지라고 말한 법륜 스님의 유명한 조언이다. 자신(화내는 모습)을 바꾸는 것이 그만큼 힘들다는 것을 의미한다.

변화는 학생 스스로 선택하는 것이고 속도의 개인차가 존재한다. 그래서 학급에서 감정 조절과 관련한 문제가 생겼을 때 감정 수업을 했다고 해서 바로 효과를 보기는 어렵다. 감정 수업은 학년 초 학급 세우기의 일환으로 갈등이 쌓여 큰 문제가 생기기 전에 예방적으로 시작해야 더 효과적이다.

변화를 힘들어하는 학생을 만났을 때 교사가 가져야 할 마음가짐은 아들러의 '과제 분리'이다. 과제 분리란 나의 과제와 다른 사람의 과제를 분리하여 통제 불가능한 타인의 과제를 타인의 몫으로 남겨두라는 의미로, 서로의 영역을 존중해 주는 것이다. 마찬가지로 교사가 학생의 감정 문제를 대신 해결해 주면 그 학생은 감정에 관해 배우는 기회를 잃게 되고 문제 해결력도 키울 수 없게 된다.

이 책에서 소개하는 감정 수업은 활동을 통해 학생들이 스스로 배울 수 있도록 구성했다. 남이 가르쳐준 지식보다 스스로 배우면서 깨달은 지식이 더 강렬하게 기억에 남는 것처럼, 활동을 통해 스스로 배운 것은 효과가 높고 장기적으로도 언행을 교정하는 데 도움을 줄 수 있다. 과제 분리를 통해 감정을 조절하는 것은 학생의 과제이고, 그 과제를 수행할 수 있도록 돕는 것이 교사의 과제임을 알아야 한다.

셋째, 감정 수업의 궁극적인 목표는 교사와 학생이 함께 감정의 주인이 되는 것이다.

학생이 감정의 주인이 되도록 돕기 위해서는 교사가 먼저 감정의 주인이 되어야 한다. 교사가 감정을 조절하지 못하는 모습을 자주 보이면 학생은 감정 수업 자체에 의문을 갖고 열심히 참여하지 않게 된다. 교사가 먼저 감정의 주인이 되는 변화를 보여주면 학생에게도 모델링이 되어 변화를 끌어내는 데 더 효과적이다. 그래서 학생들과 감정 수업을 하기 전에 이 책의 감정 수업에 있는 활동을 교사 혼자서 먼저 해보기를 추천한다. 교사가 활동을 정확하게 이해하고 있어야 학생들에게도 효과적으로 안내할 수 있다. 특히 감정 수업은 감정이라는 매개체를 통해 소통하고 대화하는 활동이 많아 감정 표현 경험이 부족하고 서툰 학생들에게는 자신의 감정을 표출하는 일이 매우 어렵고 두려운 일이다. 그럴 때 교사가 먼저 자신의 감정을 예시로 들면서 끌어줘야 학생들이 자연스럽게 활동에 참여할 수 있다.

실제 감정 수업을 할 때도 교사가 학생들과 함께 참여하는 것을 추천한다. 아들러의 '수정하기 전에 연결되라'라는 말처럼 학생들의 변화를 끌어내는 가장 쉬운 방법은 학생들과 친해지는 것이다. 학생들과 친해지면 같은 말과 행동이라도 학생들에게 더 많은 영향을 미치고 긍정적으로 발전시킬 수 있다. 감정 수업은 글과 그림, 대화, 행동 등 다양한 방법을 통해 서로 소통하고 연결되므로 학년 초 학급 세우기와 연계하여 활용하면 좋은 점이 많다.

잠을 자거나 집안일을 하던 중에 갑자기 생각난 아이디어를 잊지 않으려고 머릿속에서 계속 되뇌었던 기억이 있는가? 이렇게 기억한 아이디어는 며칠이 지나도 잊어버리지 않고 머릿속을 맴돌아 기억에 오래 남는다. 이렇듯 무언가가 깊게 내면화되기 위해서는 깨달음과 반복이 필요하다.

감정 수업 역시 배움이 일어난 뒤에는 지속적인 연습을 통해 반복적으로 내면화하는 것이 중요하다. 그래서 감정 수업 활동 중 학생들이 재미있어했던 활동을 몇 번 더 반복하거나, 평상시에 활용할 수 있는 활동 결과물(감정 신호등,

공감 약속, 감정 조절 약속, 감정 비밀 상자 등)을 지속적으로 이용해 감정 수업으로 배운 것을 내면화해야 한다. 감정 수업이 수업을 넘어 교사와 학생의 일상으로 들어갈 때 비로소 감정의 주인이 될 수 있다.

02

감정을 표현하는 것은 용기다

"감정을 표현하는 것이 쉽지 않아요."

"선생님, 저 안 하면 안 돼요?"

"선생님, 이거 왜 해요?"

감정 수업을 할 때 직면하는 가장 가장 큰 어려움은 학생들이 감정 표현을 두려워한다는 것이다. 감정을 표현하면 쉽게 상처받을 것 같고, 다른 사람에게 잘못된 모습을 보여주거나 자칫 실수를 할까봐 등 여러 가지 이유로 감정 표현을 두려워한다(마크 브래킷, 《감정의 발견》, 북라이프, p7). 또한 다른 사람 앞에서 감정을 표현하는 것이 부끄럽기도 하고, 평소 말하지 않고 숨기던 감정을 말과 행동으로 표현하려니 더 꺼리는 경향이 있다.

이런 현상은 교사도 마찬가지다. 교사 역시 감정 표현이 서툴다 보니 감정 수업 자체가 고역으로 느껴질 수 있다. 이는 우리가 살아오면서 좋은 감정 표현의 모델링을 경험했거나 감정을 표현하는 방법을 제대로 배운 적이 드물었기 때문이다. 감정을 표현하지 않으려는 학생들을 보면 교사는 당황하게 되고 결국 원하는 방향으로 수업을 이끌어가지 못한다. 그렇다면 교사와 학생이 모두 행복한 감정 수업이 되려면 어떻게 해야 할까?

첫째, 현재 감정이 무엇인지 자주 질문하자.

"지금 기분(감정)이 어때?"

감정 수업의 시작은 감정을 알아차리는 것이다. 감정을 알아차리는 많은 활동 중에서 가장 간단하면서 쉬운 것은 지금의 기분을 질문하는 것이다.

"지금 기분이 어때?"

"오늘 기분을 점수로 표현한다면 몇 점일까?"

"오늘 기분을 색깔로 나타낸다면 무슨 색이니?"

아침에 등교한 학생들에게 간단하면서도 다양한 방법으로 현재의 감정을 알아차릴 수 있는 질문을 자주 하자. 질문은 대답하게 하는 힘이 있어 학생들은 현재 내 감정이 무엇인지 한 번쯤 생각해 보는 기회를 얻는다. 아무런 대답이 없거나 "그냥 그래요."라고 대답하는 학생들이 많겠지만, 그렇게 말하는 것 또한 그 학생 나름의 감정 표현 방법이다.

처음부터 모든 사람이 많은 감정 단어를 알거나 자신의 현재 기분을 적절한 감정 단어로 나타내지는 못한다. 지속해서 질문하고 생각하는 기회를 주면서 감정 수업이 더해진다면, 차츰 감정을 자연스럽게 표현하는 능력이 향상될 것이다. 그러므로 교사가 인내심을 갖고 천천히 기다려주는 노력이 필요하다.

둘째, 교사가 올바른 모델링을 보여주자.

"선생님은 푹 자고 일어나서인지 오늘 아침 정말 행복하게 출근했습니다. 그래서 여러분과 수업하는 것이 더 기대되네요!"

학생에게 가장 좋은 모델링 주체는 부모와 교사이다. 특히 사회화가 본격적으로 진행되는 초등학교 시기에는 교사의 모델링이 매우 중요하다.

신규 교사 시절 한 번쯤 들어봤을 '3월에는 학생들에게 웃으면 안 된다'는 말은 가장 충격적이면서도 이해가 안 되는 말이다. 1년을 함께할 학생들을 만나서 반가운데 기쁘게 맞아주고 싶은 마음을 꾹 참고 연기를 하는 일은 곤혹스럽기까지 하다.

감정을 표현하는 가장 쉬운 방법은 기쁘면 기쁘다고, 슬프면 슬프다고, 화가 나면 화가 난다고 말하는 연습을 하는 것이다. 하루는 수업이 잘 진행되어서 "오늘 수업에 열심히 참여해 준 여러분 덕분에 선생님이 정말 행복해. 고마워!"라고 말했더니 학생들이 더 감동을 받아 훈훈하게 마무리된 적이 있었다. 또한 수업 중에 대든 학생에게 "지금 뭐 하는 거야? 선생님 화나는 것 보고 싶어?"라고 말하기보다 "선생님이 지금 기분이 너무 나빠서, 잠시 수업 좀 멈춰도 될까?"라고 말하고 잠시 수업을 멈추면 조금씩 감정이 조절되는 나를 발견한 적이 있다. 학생들이 감정을 조절하는 모습을 원한다면, 교사부터 모델링을 보여주자.

셋째, 혼자 있을 때 감정을 표현하는 연습을 해보자.

슬프거나 두렵고 화가 날 때 "시간이 지나면 잊혀져.", "왜 그리 민감하게 그래. 그냥 넘어가."처럼 감정을 표현하지 말고 견디라는 말을 종종 듣는다. 그런데 정말 시간이 지나면 모든 것이 잊혀질까?

PART1의 〈7. 감정 회복 프로토콜〉에서 설명한 바와 같이 감정으로 생긴 상처나 문제는 감정을 풀어주지 않으면 감정 주머니가 결국 터져버려 걷잡을 수 없는 폭발로 이어질 수 있다. 그래서 감정 수업을 힘들어하는 학생(교사)에게 추천해 주는 방법으로 혼자 있을 때 감정 표현을 연습하도록 안내하면 효과적이다. 혼자 있을 때 감정을 표현하면 다른 사람의 눈치를 보지 않고 자신의 감정을 솔직하게 표현할 수 있다. 이밖에도 〈4-3. 감정 일기〉, 〈4-4. 감정 통장〉 활동을 활용해 생각을 물질화하여 내면의 감정을 표현하는 방법도 있다. 자신의 애착 인형을 끌어안고 감정을 표현하는 것도 좋은 방법 중 하나다.

넷째, 감정을 표현하는 학생의 용기를 격려하자.

"○○아. 오늘 표정이 안 좋구나. 무슨 일이 있었니?"

"선생님, 저 어제부터 형 때문에 정말 화가 나요."

"그랬구나. 어제부터 화가 나는구나. 선생님이 그 내용을 들어봐도 될까?"

(동의를 구하고 자초지종을 들은 뒤) "○○이가 말하기 어려웠을 텐데, 이렇게 네 기분을 말해 줘서 고마워."

어렵게 감정을 표현했는데 교사가 아무런 반응을 해주지 않는다면 학생은 무안함을 느끼며 감정 표현을 더 하지 않으려고 할 수 있다. 그래서 학생이 감정을 표현했을 때 교사는 학생의 용기에 격려를 보내야 한다.

'칭찬하지 말고 격려하라.'는 아들러의 격려는 결과가 아닌 '과정', 평가나 판단이 아닌 그 학생의 '행동' 그 자체를 격려하는 것이다. 그런데 우리는 평소 격려를 거의 들어본 적이 없어 격려를 하는 일에 매우 인색하다. 나 역시 격려하라는 것을 처음 배웠을 때 어색함을 느꼈고, 어떻게 말해야 할지 고민하다가 타이밍을 놓쳐 후회한 적이 많았다.

감정을 표현해 준 학생에게 고마움을 느꼈다는 것을 전달해 보자. 처음에는 어색해하던 학생도 교사의 작은 변화를 금세 알아차리고 더 큰 변화로 환영해 줄 것이다.

감정 수업은 감정을 매개체로 하는 수업이다 보니 많은 감정을 표현하는 상황을 만나게 된다. 그래서 좋은 감정을 만나면 기분이 좋아질 때도 있지만, 반대로 좋지 않은 감정을 만나서 기분이 나빠질 때도 많다. 처음에는 평소와 다르게 활발한 감정 표현에 모두가 당황스럽고 어색할 수도 있다. 하지만 상대방을 불편하게 하는 방법이 아닌, 존중하는 방법으로 감정을 표현한다면 그 감정을 그대로 인정하자. 감정 수업은 상대방의 감정을 인정하고, 상대방의 감정 표현을 격려해야 도중에 포기하지 않고 오래 할 수 있다.

03
평가하지 말고 공감하라

감정 수업은 재미있게 감정을 배울 수 있도록 경쟁 요소나 문제 맞히기 등의 요소가 들어 있다. 그렇다 보니 감정 수업이 익숙해질수록 표정이나 행동, 어투, 어감 등으로 상대방의 감정을 잘못 파악하여 갈등이 일어나는 경우가 종종 생긴다. 이런 현상은 감정을 바로 알고 받아들여 표현하고자 하는 감정 수업의 목표를 제대로 이해하지 못한 채, 단지 감정 수업의 방법인 감정 알아맞히기를 목표로 해서 생기는 일이다. 이는 다른 사람의 감정을 파악하여 미리 반응해 주면 분위기가 더 좋아지고 공감대가 형성되리라는 생각 때문이다.

어느 날 표정이 안 좋아 보이는 학생에게 "오늘 기분이 안 좋아?"라고 질문했더니, "아니요. 저 오늘 기분 정말 좋은데요."라고 이상한 듯이 쳐다보며 대답해서 되려 학생에게 무안함을 느낀 적이 있다. 다른 사람의 감정을 넘겨짚는 것이 관계를 어색하게 만들 수 있음을 느낀 경험이었다. 나는 단지 그 학생의 표정이 안 좋아 보여서 공감하고 위로해 주려고 했는데, 의도와 다른 대답을 들으니 공감이라는 것에 대해 다시 한번 생각하는 계기가 되었다.

공감은 상대방의 감정을 읽고 반응해 주는 것이라고 생각하는 경우가 많은데, 진정한 공감은 다른 사람의 감정이나 생각을 인정하고 그 사람이 되어 보면서 감정을 같이 느끼는 것을 말한다. 그래서 교사가 감정 수업을 효과적으로 하고, 감정의 주인이 되기 위해서는 다음 세 가지 상황을 알아야 한다.

첫째, 감정을 넘겨짚거나 맞히려고 하지 말고 공감하자.

우리가 흔히 하는 실수 중 하나는 다른 사람의 감정을 넘겨짚는 것이다. 다른 사람도 나와 같을 것이라고, 그 사람은 자주 화를 냈으니까 이번에도 그럴 것이라며 그 사람을 제대로 관찰하지 않고 감정을 넘겨짚는 것이다. 특히 감정 수업에는 〈2-4. 감정 파도〉, 〈3-3. 감정 진진가〉, 〈3-4. 감정 열차〉, 〈3-5. 감정 탐정 게임〉 등 다양한 감정을 활용한 활동이 많은데, 이 활동을 하다 보면 학생들이 단지 상대방의 감정을 맞히고 이기기 위해 몰두하는 경향이 있다. 물론 이기기 위해 노력한다는 점은 이해가 되지만 너무 자주 이런 행동을 하게 되면 상대방의 감정을 공감한다는 취지를 벗어나 단순한 게임으로 변질될 수 있다. 그래서 감정을 맞히는 경쟁을 활용한 활동을 할 때는 먼저 상대방의 행동이나 표정을 유심히 관찰하고, 나라면 어떨 때 그런 행동이나 표정을 지을지 공감한 뒤 문제를 맞힐 수 있도록 안내해야 한다.

또한 상대방의 행동과 표정만 보고 감정을 파악하기가 힘들다는 것도 안내해야 한다. 이런 안내가 효과적으로 전달되어야 감정 수업의 취지에 맞게 즐거운 활동을 할 수 있다. 학생과 마찬가지로 교사도 학생의 감정을 넘겨짚거나 맞히려고 하면 안 된다. "오늘 기분이 안 좋아?"라고 말하기보다 "오늘 기분이 안 좋아 보이는구나."처럼 말하며 학생의 감정 자체에 공감하려고 노력하는 것이 필요하다(jane nelsen 외 2명, 《Positive Discipline for early childhood educator》, PDA, p95).

둘째, 감정의 옳고 그름을 평가하려고 하지 말고 온전히 수용하자.

감정에는 옳고 그름이 없으므로 한 사람이 느끼고 선택한 감정은 그 자체로 옳다.

"깜짝이야! 우와~!"

"뭐 그런 걸로 놀라! 너 때문에 내가 더 놀랐잖아."

나는 평소 학생들이 아무런 일도 아닌 것에 놀라는 모습을 매우 불편하게 생각했다. 그래서 "너 때문에 더 놀랐잖아! 뭐 그런 걸로 놀라!" 하면서 핀잔을 주었다. 내가 생각하기에 놀랄 상황이 아님에도 놀람을 표현하는 모습에 불편함을 느껴 상대방의 감정이 옳지 못하다고 평가한 것이다.

감정을 표현하는 사람과 상호작용을 할 때 우리가 주의해야 할 점은 상대방의 행동을 평가하면서 감정까지 같이 평가하는 것이다. 놀라서 너무 크게 소리를 지르거나 상대방을 불편하게 할 정도로 불안감을 주는 행동과 더불어 그 사람의 감정까지 틀렸다고 평가하면 상대방은 상처를 받게 되고 관계가 악화될 수 있다. 그래서 감정과 행동을 구분하여 불편하거나 잘못된 행동에는 단호하게 대하고, 감정에는 공감하고 수용해 주려는 노력이 필요하다.

셋째, 잘못된 행동을 비난하지 말고 감정의 원인을 찾자.

과거의 경험과 유사한 일이 생기면 비슷한 감정이 되살아난다. 학생들 역시 별명으로 놀림당하는 것에 매우 민감하거나 누가 쳐다만 봐도 화를 내는 등 과거의 경험이 현재에 영향을 미치는 것(초감정의 영향)을 볼 수 있다. 이럴 때 교사는 종종 학생의 반복되는 행동을 비난하면서 잘못된 행동을 수정하기를 요구한다. 하지만 오랜 기간 쌓인 부정적인 신념을 한순간에 바꾸는 것은 매우 어려운 일이다.

감정 수업을 효과적으로 하기 위해서는 먼저 교사가 자신의 초감정을 알아차리고 수정해 보는 경험을 한 뒤, 학생이 초감정을 수정할 수 있도록 도와야 한다. 예를 들어 비슷한 상황에서 한 학생의 표정이나 말투에 지속적으로 불편한 감정을 느낀다면 그 감정이 생겨난 원인을 파악하고 경험을 재구조화하여 감정과 행동을 조절해야 한다. 이후 교사의 감정 조절 경험을 토대로 학생의 초감정을 알아차리고, 감정 회복 프로토콜을 통해 현재 감정의 원인이 된 경험을 재구조화할 수 있도록 도와주어야 한다.

감정 수업에서 교사가 가장 경계해야 하는 것은 감정을 넘겨짚거나 평가, 비난하는 것이다. 감정과 행동에 대한 평가나 비난은 학생의 방어 기제를 자극하여 반항 혹은 회피, 무시하도록 만들어 교사에 대한 부정적인 감정을 촉발한다. 이로 인해 감정 표현이 줄어들고 감정 수업이 효과를 발휘하기 어려워 교사의 노력이 가치를 잃을 수 있다. 교사 본인이 학생의 감정을 넘겨짚거나 평가, 비난하고 있다고 알아차릴 때 감정을 가르치고자 했던 마음이 든 이유를 다시 한번 생각해 보자. 우리는 교사와 학생이 감정에 대해 배워서 교실의 평화와 안정을 찾고, 나아가 서로를 존중하는 교실을 만들기 위해 감정 수업을 시작했다. 감정 수업은 평가보다 경청과 공감 안에서 더 큰 효과를 발휘할 수 있다는 것을 잊지 말자.

04
감정 수업으로 달라진 학급

"선생님, 오늘 기분이 안 좋았는데, 이제 조금 괜찮아졌어요."

"그렇구나. 오늘 기분이 안 좋았구나. 이제는 괜찮아졌다니 다행이구나."

예전이었다면 아무 말 없이 우울한 표정을 하며 누가 봐도 기분이 안 좋은 것처럼 행동했을 학생이 자신의 감정을 표현하는 말을 들으며 수업이 이제야 조금씩 효과를 보인다는 것을 알아차릴 수 있었다. 겉으로 보기에는 큰 변화가 없어 보이던 학급이 조금씩 변하고 있다는 것을 간접적으로 느낀 것이다. 학년이 거의 마무리될 때까지도 아무 변화가 없어 보여 내심 실망을 하고 있던 와중에 들은 말이라 더 고무되었을지도 모른다.

감정 수업을 시작하게 되면 평소 감정 표현이 잦았던 학생들은 활동 자체에 즐겁게 참여하면서 큰 효과를 보인다. 안 그래도 잘하던 감정 표현을 배우기까지 하니 더 잘할 수밖에 없다. 그러나 감정 표현이 부족한 학생들은 여전히 큰

변화가 없는 경우가 많다.

감정 표현이 잦은 학생들은 그만큼 EQ(감정적 지능지수)가 높아 습득 속도가 빠르지만, 타고 날 때부터 EQ가 낮은(감정 표현이 많지 않은) 학생들은 습득하는 속도 자체가 느릴 수밖에 없다. 변화가 느리다는 것이 문제일까? 아니다. 가장 큰 문제는 변화가 없는 것이다. 담임 교사라면 가르치는 1년 동안 학생들이 많은 것을 배우고 변화하기를 바라는 마음이 있겠지만, 누군가와 교감하고 친해져서 그 사람에게 영향력을 미치기에 1년은 너무 짧은 시간이다. 그래서 교사에게는 느리지만 조금이라도 변화하기 위해 애쓰는 학생들의 모습을 발견하고 격려하려는 노력이 필요하다.

느리지만 꾸준히 감정을 받아들이고 표현하기 위해 변화하는 학급은 어떤 모습일까?

첫째, 다른 사람의 말과 행동을 경청하려고 노력한다.

감정 수업의 시작은 경청이다. 타인의 말과 행동, 나아가 감정을 알아차리기 위해서 제일 중요한 것은 경청이기 때문이다.

우리는 경청을 그저 잘 듣는 것이라고 생각하지만, 진정한 경청은 상대방의 말과 행동, 그리고 그 뒤에 있는 감정을 듣고 알아차려 반응하는 것을 말한다. 감정 수업이 효과를 발휘하게 되면 상대방의 감정을 알아차리기 위해 차츰 다른 사람의 말과 행동을 유의하며 관찰한다. 감정에 옳고 그름이 없는 것처럼, 상대방을 판단하지 않고 관찰하게 되면 자연스럽게 학급 분위기 또한 부드러워질 수 있다. 또한 교사도 모델링을 보이기 위해 학생들이 언어적, 비언어적으로 전달하는 감정 언어들을 경청하여 학생과 더 가까워지는 계기를 마련할 수 있다. 나아가 타인에 대한 경청은 나 자신에 대한 경청으로도 연결되는데, 자신의 현재 감정이 무엇인지 질문하고 그 대답을 경청하면서 감정을 알아차릴 수 있게 된다.

둘째, 다른 사람의 감정에 공감하려는 노력이 시작된다.

학급에서 일어나는 많은 문제의 시작은 상대방의 감정에 공감하지 못하고, 무시하거나, 평가하고 비판, 비난하는 모습에서 비롯된다. 감정 수업을 통해 나와 타인의 감정을 경청하여 알아차리게 되면 그 감정이 무엇인지 인식하여 공감하고 받아들이려고 노력한다.

다른 사람의 감정에 공감하고, 본인의 감정을 제대로 알아차리고 받아들이는 것이 결코 쉬운 일은 아니다. 그래도 꾸준한 감정 수업을 통해 상대방의 말과 행동, 감정을 알아차리는 경청과 감정에 공감하는 방법을 배우고, 약속을 만들어 연습한다면 천천히 공감 능력이 향상되는 모습을 볼 수 있다.

셋째, 건강한 감정 표현을 하려고 노력한다.

상대방을 불편하게 하는 감정 표현을 보면 교사는 감정 수업의 필요성을 느낄 것이다. 하지만 이런 감정 표현은 하지 말라고 해서 없어지는 것이 아니다.

"코끼리를 생각하지 마."라는 말을 들었을 때 머릿속에 무엇이 떠오르는가? 분명히 코끼리를 떠올리지 말라고 했는데, 머릿속에 맴도는 것은 코끼리일 것이다. 마찬가지로 "소리 지르지 마!"라고 말하면 동사인 '지르지 마!'보다 명사인 '소리'에 집중하게 된다. 그래서 수업 시간에 떠드는 학생들에게 "떠들지 마!"라고 말하는 것보다 "조용히 하자."라고 말하는 것이 더 효과적이다. 또한 인간은 "욕하지 마!"처럼 강요를 받게 되면 복종이나 반항을 선택할 수밖에 없게 된다. 복종하더라도 기분 좋게 받아들이기 어렵고, 반항을 하게 되면 학생의 행동을 변화시키기 어려워진다(마셜 로젠버그, 《비폭력대화》, 한국NVC센터, p145).

감정 표현을 부드럽게 하려면 감정 수업을 통해 '어떻게 하면 감정을 잘 표현할지' 고민하고 실제로 실습해 보면서 배우는 게 효과적이다. 감정 수업은 학생이 감정 표현 방법을 스스로 선택할 수 있게 하여 경청과 공감을 통해 나와 타인의 감정을 이해하고 받아들인 뒤 감정을 제대로 표현하려고 노력하게 할 수 있다.

넷째, 감정을 조절하려고 노력한다.

갑자기 '욱!' 하고 차오르는 분노는 교사도 참기 힘든 감정이다. 하물며 아직 감정적으로 불완전한 학생들에게 감정 조절이란 매우 어려운 과제일 수밖에 없다. 자기가 선택하고 표현한 방법이 잘못되었다는 것 자체를 인정하기가 힘든 일이기 때문이다.

감정 수업은 경험을 재구조화하거나 감정을 긍정적인 방향으로 해결하는 다양한 활동이 있어 감정적으로 안정적인 상태를 유지할 수 있도록 도와준다.

교사는 "화 좀 그만 내!"라고 말하는 것보다 감정을 표현할 수 있는 기회를 주고, 회복 프로토콜로 감정을 알아차리고 받아들일 수 있는 기회를 마련하는 것이 더 효과적이라는 것을 잊으면 안 된다. 감정 수업이 교실에 뿌리를 내리면 화를 내려고 하다가도 〈4-5. 감정 조절 약속〉과 〈4-6. 감정 비밀 상자〉 등의 방법을 활용해 자신의 감정을 조절하고 안정을 찾으려고 노력하는 학생들의 모습을 볼 수 있다.

감정 수업을 통해 느리지만 멈추지 않고 천천히 변화되는 학급의 모습은 처음에는 매우 어색하고 불안정할 수 있다. 감정 수업으로 인해 처음으로 자신의 감정과 행동을 선택하는 기회를 얻게 되면 오히려 부정적인 행동이 늘어날 수도 있다. 그러나 선택권이 생겼기에 차츰 자신의 행동에 대한 책임감이 커지게 될 것이다. 변화는 천천히 이루어진다는 것과 감정 수업의 핵심이 자신의 감정과 행동에 스스로 책임지는 법을 가르치는 것임을 기억하고 학생의 작은 변화에도 격려하면서 교사 역시 변하기 위한 노력을 해야 한다. 감정 수업의 구성원은 교사와 학생 모두라는 것을 잊지 말자.

나오며

감정 수업이 나아갈 길

최근 들어 '공감, 힐링, 비폭력, 옳다, 충분하다, 돌보다, 멘탈' 등의 단어가 들어간 책이나 방송 프로그램이 점차 늘고 있다. 사회 전반적으로 감정에 대한 관심이 늘고 있다는 것인데, 역설적으로 관심이 늘고 있다는 것은 그만큼 감정적으로 힘들고 불안한 상황이 많아졌음을 의미한다. 이런 사회적인 문제의 원인에는 감정을 너무 부정적으로 바라보고 있다는 점과 상대방의 감정을 존중하는 방법, 내 감정을 조절하여 표현하는 방법을 배우지 못했다는 점도 영향을 미쳤을 것이다. 또한 감정은 참지 말고 표현해야 감정적으로 건강해질 수 있는데, 가정과 학교, 사회 전반적으로 감정을 표현할 기회가 부족하고, 나와 타인의 감정을 도외시하고 감정 자체를 무시하는 경향이 늘어났기 때문이다. 이런 현상들로 인해 사람들은 에너지와 방향성을 잃어버린 채 동력을 잃고 멈춰버리거나 통제력을 잃은 폭주 기관차가 되고 있다. 행동의 에너지원인 감정을 잃어버렸기 때문이다.

사회와 마찬가지로 교실에서도 감정으로 인한 문제와 어려움이 늘고 있다. 감정을 조절하지 못해 폭발하거나, 자신의 감정에 빠져 지나치게 우울해지는 학생들이 증가하는 추세이다. 교사도 끝이 없는 학급 운영, 업무, 외부의 압력과 개입 등으로 인해 자신의 감정을 추스르기도 바쁜 하루를 살아가고 있다.

수업이 어려워지면 수업과 관련된 지식을 찾아보고, 학급 경영을 원활하게 하려고 책을 사는 것처럼, 이제는 감정을 가르치고 배워야 하는 시대가 되었다. 멈추거나 방향성을 잃은 교사와 학생의 감정을 위해 감정 수업은 어떻게 나아가야 할까?

먼저, 학생들이 자라는 가정에서 감정의 중요성을 가르쳐야 한다.

긍정적이고 건강한 감정 표현을 배우기 위한 첫 번째 장소이자 초감정과 다양한 감정에 대한 경험이 형성되는 가정은 감정 수업의 첫걸음을 떼는 곳이다. 가정에서 형성된 감정에 대한 인식은 오랜 기간 지속되고 변화되기 어렵다.

가정에서 할 수 있는 가장 쉬운 감정 수업은 자녀의 말을 잘 들어주는 경청이다. "그랬구나. 그래서?"처럼 추임새를 넣으면서 자녀의 말을 경청하면, 그 안에 담긴 자녀의 감정에 공감하고 반응할 수 있게 된다.

다음으로 학생에게 가장 좋은 모델링 대상은 부모이므로, 부모가 먼저 감정을 조절하여 표현하는 것을 보여주어야 한다. 부모 역시 실수할 수 있다는 것을 보여주고, 자기감정에 대한 책임을 지고 변화하기 위해 노력하는 모습을 보여주는 것이 중요하다.

마지막으로 감정과 관련된 그림책을 읽고 이 책에 소개된 〈4-7. 감정 온작품 읽기〉 활동을 활용하여, 나라면 어떻게 했을지 이야기하는 연습을 해보자.

가정에서 시작된 감정 수업은 자녀가 감정의 주인이 되는 첫걸음을 떼게 해 줄 것이다.

감정은 학생들이 성장하는 학교에서도 가르쳐야 한다.

초등학교에 입학한 자녀들은 가족을 넘어 또 다른 공동체를 만나게 된다. 선생님, 친구들과 함께 만들어가는 교실에서는 나(또는 형제자매)를 배려하는 부모의 양육과 달리, 서로 동등한 관계인 타인과의 상호작용이 늘어나 갈등 역시 함께 증가한다. 타인으로 인해 내가 감정적으로 불편한 상황이 생기거나, 반대로 나의 작은 행동에 타인이 불편함을 표현하는 경우가 많아지기 때문이다. 그래서 학교는 가정에서 배운 기본적인 감정을 바탕으로 서로의 감정에 공감하면서 타인과의 갈등을 해결하고, 감정을 이해하고 조절하여 표현하는 방법을 배우는 감정 수업을 본격적으로 시작하는 장소가 되어야 한다. 교사는 먼저 자신의 감정을 조절하여 표현하는 연습을 하고, 교실의 갈등을 배움의 기회라 생각하여 학생과 함께 문제를 해결해 나갈 수 있도록 도와주고 이끌어줘야 한다. 학교에서 본격적으로 이어지는 감정 수업은 감정의 주인이 되는 디딤돌이 될 것이다.

마지막으로, 감정의 주인으로 거듭날 수 있도록 노력하자.

가정과 학교에서 감정 수업을 통해 감정의 주인이 되는 연습을 했다면, 성인이 되어 사회의 온전한 구성원이 되기 위해서는 감정의 주인으로 거듭나야 한다. 갑질 사건, 번아웃 증후군 등 나와 타인의 감정을 존중하지 못해 일어나는 많은 사회적 문제들의 공통적인 원인은 감정(경청과 공감)의 부재이다. 감정이 사라진 사회는 존중과 배려, 자기애를 잃어버리고 말았다. '일은 힘들어도 사람이 좋으면 버틸 만하다.'라는 말처럼 저마다 느끼는 업무의 강도는 달라도, 감정적으로 건강해서 서로를 존중하고 배려하는 사람들 속에서 일한다면 견딜 수 있지 않을까? 그래서 가정과 학교에서 배우고 가르치는 감정 수업은 사회에 활기를 찾게 하고, 나아가 서로의 다름을 존중할 수 있게 해줄 것이다.

감정의 주인이 되는 일은 짧은 시간에 할 수 있는 것이 아니다. 가정과 학교, 사회에서 지속적으로 자기감정을 이해하려고 노력해야만 감정의 주인이 될 수 있다.

교사와 학생이 모두 감정의 주인이 된다면 교실은 어떻게 변화할까? 서로의 감정을 경청하고 공감하며, 불편한 감정을 올바른 방법으로 표현하는 교실. 상상만으로도 행복한 교실의 모습이다. 교실의 문제 상황을 보고 감정을 가르쳐야겠다고 생각했다면, 감정을 가르쳐야 하는 적기는 바로 지금이다. 교사와 학생이 모두 감정의 주인이 되고, 행복한 교실을 만들기 위해 감정을 가르치자.

단행본

- Parenting from the inside out(2013), Daniel siegel, TarcherPerigee
- Positive Discipline for early childhood educator(2018), jane nelsen 외 2명, PDA
- 감정 사용 설명서(2020), 롤프 메르클레, 도리스 볼프, 생각의날개
- 감정의 발견(2020), 마크 브래킷, 북라이프
- 감정은 어떻게 만들어지는가?(2017), 리사 펠드먼 배럿, 생각연구소
- 감정 회복력(2020), 리제 반 서스테렌, 스테이시 콜리노, 유노북스
- 격려 수업(2019), 린 로트, 바버라 멘델홀, 교육과실천
- 나 좀 칭찬해줄래?(2020), 이동귀, 이성직, 안하얀, 타인의사유
- 교실 속 자존감(2014), 조세핀 김, 비전과리더십
- 교실심리(2012), 김현수, 에듀니티
- 극한직업, 선생님을 부탁해(2020), 신건철 외 4명, 테크빌교육
- 기분이 태도가 되지 않게(2020), 레몬심리, 갤리온
- 나를 사랑할 용기(2016), 기시미 이치로, 한국경제신문사
- 내 아이를 위한 감정코칭(2011), 존 가트맨, 최성애, 조벽, 한국경제신문사
- 당신이 옳다(2018), 정혜신, 해냄
- 당신으로 충분하다(2013), 정혜신, 푸른숲
- 당신의 분노는 무기가 된다(2021), 안도 슌스케, 해냄
- 미움받을 용기(2014), 기시미 이치로, 고가 후미타케, 인플루엔셜
- 비주얼씽킹(2021), 신건철 외 6명, 넷마루

- 비폭력대화(2017), 마셜 로젠버그, 한국NVC센터
- 아들러의 감정수업(2017), 게리 D. 맥케이, 돈 딩크마이어, 시목
- 아홉 살 느낌 사전(2019), 박성우, 창비
- 예스 브레인(2019), 대니얼 시겔, 김영사
- 인간의 130가지 감정 표현법(2019), 안젤라 애커만, 베카 푸글리시, 인피니티북스
- 자존감 수업(2016), 윤홍균, 심플라이프
- 정서 조절 코칭북(2010), 이지영, 박영스토리
- 제안서의 정석(2018), 박신영, 최미라, 세종서적
- 질문의 7가지 힘(2002), 도로시 리즈, 더난출판사
- 칭찬하지 마라 격려하라(2018), 노안영, 학지사
- 클린(2021), 구사나기 류순, 비즈니스북스
- 학급긍정훈육법(2014), 제인 넬슨, 린 로트, 스티븐 글렌, 에듀니티
- 학급긍정훈육법 활동편(2015), 테레사 라살라, 조디 맥비티, 수잔 스미사, 에듀니티
- 허쌤&옥이샘의 감정 놀이(2018), 허승환, 옥상헌, 아이스크림

그림책 활동 참고 ──

- 그날 밤 무슨 일이(2021), 생 순 라타나반 글·그림, 풀과바람
- 말랑말랑한 이야기(2021), 차재혁 글, 최은영 그림, 플라이쿠키
- 소피가 화나면 정말 정말 화나면(2013), 몰리 뱅 글·그림, 책읽는곰
- 슬픔을 치료해 주는 비밀 책(2021), 캐린 케이츠 글, 웬디 앤더슨 핼퍼린 그림, 봄봄출판사
- 천둥 케이크(2000), 패트리샤 폴라코, 시공주니어
- 천장 위의 아이(2020), 비베카 훼그렌 글·그림, 봄볕
- 기분아 어디 있니(2021), 피어라 글, 정지안 그림, 꼬마싱긋
- 기분 가게(2022), 도키 나쓰키 글·그림, 주니어김영사

홈페이지 및 기사 ───

- [내 마음은 왜 이럴까?] 왜 대부분의 감정은 부정적일까(2019.03.24.) 동아사이언스, https://www.dongascience.com/news.php?idx=27554
- [강석기의 과학카페] 표정을 보면, 감정을 읽을 수 있을까(2020.03.18.) 동아사이언스, https://www.dongascience.com/news.php?idx=35206
- 욱하는 나 좀 말려줘요. 분노조절장애(2020.01.06), 국립정신건강센터, http://27.101.211.175/ncmh/board/boardView.do;jsessionid=3qbuaq6UzPl1Rn0aurNd9Fkfl1AycGPaEzYOWwPXJXqQYl3XJ0iyvt61ELuhWvvR.mohw-was2_servlet_engine1?no=8650&fno=39&bn=newsView&menu_cd=02_06_01&bno=&pageIndex=1&search_item=&search_content=

논문 ───

- Treating Thoughts as Material Objects Can Increase or Decrease Their Impact on Evaluation(2013), Pablo Briñol 외 3명

교실 속 감정 수업

1쇄 발행 2022년 6월 27일
지은이 신건철·박소연

발행인 윤을식
펴낸곳 도서출판 지식프레임
출판등록 2008년 1월 4일 제2020-000053호
주소 서울시 동대문구 청계천로 505, 206호
전화 (02)521-3172 | **팩스** (02)6007-1835

이메일 editor@jisikframe.com
홈페이지 http://www.jisikframe.com

ISBN 978-89-94655-04-8 (03370)